Training Gleichungslehre

11. Schuljahr

Beilage: Lösungsheft mit Lösungswegen

Von Jürgen Handke

Ernst Klett Verlag für Wissen und Bildung
Stuttgart · Dresden

Die Deutsche Bibliothek – CIP-Einheitsaufnahme

Handke, Jürgen:
Training Gleichungslehre / von Jürgen Handke. –
Stuttgart; Dresden: Klett, Verlag für Wissen und Bildung.
Schuljahr 11. – 7. Aufl. – 1995
ISBN 3-12-922004-6

7. Auflage 1995

Satz: Zechnersche Buchdruckerei, Speyer
Druck: Wilhelm Röck, Weinsberg
Illustrationen: Zembsch' Werkstatt, München
Einbandgestaltung: Hitz und Mahn, Stuttgart
ISBN 3-12-922004-6

Inhaltsverzeichnis

Training Gleichungslehre / 12. Schuljahr – (Klettbuch 922005) enthält:

Vielleicht darf ich Ihnen zu Beginn ein paar Vorschläge machen, wie Sie das Buch möglichst sinnvoll durcharbeiten sollten:

Lesen Sie sich die Musterbeispiele nicht nur durch, sondern rechnen Sie sie selbst nach: Übernehmen Sie nur die Aufgabenstellung, legen Sie dann das Buch weg und vergleichen Sie erst am Schluß Ihre Lösung mit der Musterlösung. Als Hilfe finden Sie am Rand neben den Musteraufgaben kleingedruckt Erläuterungen zu den einzelnen Rechenschritten, um Ihnen den Überblick zu erleichtern, bzw. Tips, die auf häufige Fehler hinweisen. Nur auf diesem Wege bemerken Sie die eigentlichen Schwierigkeiten in den Aufgaben, die Sie sonst überlesen würden.

In jedem Abschnitt finden Sie zahlreiche weitere Übungsaufgaben, die Lösungen dazu sind im Beiheft angegeben; die Aufgaben eines Paragraphen sind in der Regel nach steigender Schwierigkeit geordnet. Sie brauchen natürlich nicht alle Aufgaben zu rechnen; bleiben Sie aber, wenn Sie einzelne Beispiele überspringen, in der gegebenen Reihenfolge.

Der Kenner wird einige wichtige Gebiete der Gleichungslehre vermissen: Gleichungen mit höheren Potenzen, exponentielle und logarithmische (Un-)Gleichungen, goniometrische (Un-)Gleichungen. Das Fehlen hat einen ganz simplen Grund: in diesem Band war nicht mehr Platz. Diese Gebiete finden Sie in dem Band „Training Gleichungslehre / 12. Schuljahr“ vom selben Autor.

Und nun viel Erfolg bei der Bewältigung der Gleichungslawine!

1 Lineare Gleichungen und Ungleichungen

1.1 Grundbegriffe

Zunächst ein paar Vorbemerkungen zum Begriff **„(Un-)Gleichung“:**

a) Wenn man zwei Rechenausdrücke **(„Terme“)** mit einem Gleichheitszeichen verbindet, erhält man eine Gleichung (Diese Terme können aus Zahlen oder (und) Variablen bestehen.).

Beispiele: $x+2=7$ / $3x-2=1+3x$ / $2x=3$

b) Ganz entsprechend erhält man eine Ungleichung, indem man zwei Terme durch eines der folgenden Zeichen verbindet:
$<$ („kleiner als“), $>$ („größer als“), $\neq$ („ungleich“),
$\leqslant$ („kleiner oder gleich als“), $\geqslant$ („größer oder gleich als“)

Beispiele: $x<4$ / $5-x>2$ / $x-3\neq 0$ / $x\leqslant 4$ / $5-x\geqslant 2$

c) Eine (Un-)Gleichung hinzuschreiben ist kein Problem; ob diese (Un-)-Gleichung aber auch eine Lösung besitzt, ist eine ganz andere Sache. Beide Dinge haben nichts miteinander zu tun:

Eine (Un-)Gleichung ist eine Frage („Welche x erfüllen ...?“), die Antwort wird in der Lösungsmenge $\mathbb{L}$ gegeben – und die kann lauten: („Es geht, und“) $\mathbb{L}=\{\ldots\}$, oder („Sorry, aber leider gibt es da keine Zahl, die die (Un-)-Gleichung erfüllt“), und das drückt man dann durch: $\mathbb{L}=\emptyset$ aus. ($\emptyset$: „leere Menge“, die kein Element enthält)

d) Musterbeispiele: mit Grundmenge $G=\mathbb{N}$ (d. h. nur Lösungen aus der Menge der natürlichen Zahlen $\mathbb{N}=\{1, 2, 3, \ldots\}$ werden berücksichtigt)

<table>
<tr><td>$x+4=7$
$\mathbb{L}=\{3\}$</td><td>$7-x>4$
$\mathbb{L}=\{1, 2\}$</td><td>$5+x<2$
$\mathbb{L}=\emptyset$</td><td>$x\leqslant 3$
$\mathbb{L}=\{1, 2, 3\}$</td></tr>
<tr><td colspan="2">$2x+1-2x=2$
$\mathbb{L}=\emptyset$ denn:
Egal, welches x Sie auch in die Gleichung einsetzen: Sie kommen immer auf die falsche Gleichungsaussage $1=2$ (f)</td><td colspan="2">$2x+1-2x=1$
$\mathbb{L}=\mathbb{N}$ denn:
Egal, welches x Sie auch in die Gleichung einsetzen: Sie kommen immer auf die wahre Gleichungsaussage $1=1$ (w) für alle $x\in\mathbb{N}$.</td></tr>
</table>

Aufgaben

1. Bestimmen Sie durch Probieren die Lösungsmengen der (Un-)Gleichungen aus a) und b) mit Grundmenge $G = \mathbb{N}$.
2. Dieselbe Aufgabe, aber ändern Sie die Grundmenge in $G = \mathbb{Z}$ um. ($\mathbb{Z} = \{\ldots, -3, -2, -1, 0, 1, 2, 3, \ldots\}$: „Menge der ganzen Zahlen“)

1.2 Äquivalenzumformungen

a) Bestimmen Sie die Lösungsmengen von ($G = \mathbb{N}$)

$x+2=7$ $\mathbb{L} =$ ______	$x+2<7$ $\mathbb{L} =$ ______	$x+2 \geqslant 7$ $\mathbb{L} =$ ______

① Addieren Sie nun 4 auf jeder Seite der (Un-)Gleichung, so kommen Sie auf

	$x+6=11$	______	______ mit
Lösungsmenge	$\mathbb{L} =$ ______	$\mathbb{L} =$ ______	$\mathbb{L} =$ ______

② Subtrahieren Sie stattdessen 2 auf jeder Seite der Ungleichung:

	______	$x<5$	______
Lösungsmenge	$\mathbb{L} =$ ______	$\mathbb{L} =$ ______	$\mathbb{L} =$ ______

③ Wenn Sie von der allerersten (Un-)Gleichung x abziehen, erhalten Sie

______	______	$2 \geqslant 7-x$ mit
$\mathbb{L} =$ ______	$\mathbb{L} =$ ______	$\mathbb{L} =$ ______

④ Addieren Sie $3-x$ auf beiden Seiten der ersten (Un-)Gleichung:

$5=10-x$	______	______
$\mathbb{L} =$ ______	$\mathbb{L} =$ ______	$\mathbb{L} =$ ______

Vergleichen Sie die Lösungsmengen.

Was fällt Ihnen auf? ______

b) Man kann offensichtlich auf beiden Seiten einer (Un-)Gleichung dieselbe Zahl (bzw. einen Rechenausdruck, der aus Variablen und Zahlen besteht) addieren oder subtrahieren, die Lösungsmenge der (Un-)Gleichung ändert sich nicht. Man nennt derartige Umformungen, die die Lösungsmenge nicht ändern, auch **Äquivalenzumformungen.**
Man nutzt diese Tatsache aus, um (Un-)Gleichungen zu vereinfachen (und sie damit zu lösen):

c) Musterbeispiele: $G = \mathbb{Z}$,

$$\begin{aligned} 23 + 7x &= 6x + 26 \quad | -6x \\ 23 + 7x - 6x &= 6x - 6x + 26 \\ 23 + x &= 26 \quad | -23 \\ 23 - 23 + x &= 26 - 23 \\ x &= 3 \\ \mathbb{L} &= \{3\} \end{aligned}$$

(Damit enthält die rechte Seite kein x mehr!)
(Natürlich ist dies nicht die einzige Möglichkeit, um auf die Lösung zu kommen!)

$$\begin{aligned} 2a - 6x + 13a &\geq x + 10a - 6x \qquad (a \in \mathbb{Z}) \\ 15a - 6x &\geq 10a - 5x \quad | +6x \\ 15a &\geq 10a + x \quad | -10a \\ 5a &\geq x \\ \mathbb{L} &= \{5a, 5a-1, 5a-2, \dots\} \end{aligned}$$

a heißt **Formvariable** (x **Lösungsvariable**); a ist eine beliebige, aber fest vorgewählte Zahl und wird daher in der Rechnung wie eine Zahl behandelt.

d) Um sicher zu sein, daß z. B. 3 die Lösung der Gleichung aus c) ist, machen Sie die **Probe** und setzen die 3 für x in die 1. Zeile ein; Sie erhalten dann:

$$\begin{aligned} 23 + 21 &= 18 + 26 \\ 44 &= 44\,(w) \end{aligned}$$

(d. h. 3 erfüllt die Gleichung, ist also eine Lösung.)

Aufgabe: Machen Sie in der obigen Ungleichung die Probe für $x = 5a$.

e) Der Ablauf der Äquivalenzumformungen zur **Lösung einer (Un-)Gleichung** erfolgt nach dem einfachen Schema:

> Bringen Sie nacheinander mit Hilfe der Äquivalenzumformungen **alle x auf eine Seite** (am besten auf die, wo der Faktor vor x am Ende positiv wird) und **alle Zahlen und Formvariablen auf die andere Seite.** Vereinfachen Sie die (Un-)Gleichung bei jedem Schritt, bis Sie bei der Form $x = \dots$ ($x > \dots$ / $x < \dots$ / $\dots$) angelangt sind.

Aufgaben

Bestimmen Sie die Lösungsmenge in $G=\mathbb{Z}$: $(a, b \in \mathbb{Z})$

1. $12x-15-4x=7x+2$
2. $5x+9-2x \leq 13+2x-4$
3. $27x+39+3x-14<17x+19+12x$
4. $14-12x>12-7x+5-4x$
5. $5x-3-3x \neq x+4+3x-3-2x$
6. $2x-5-5x<4x-7-7x$
7. $12x-15a-4x=7x+2a$
8. $5x+9b-2x \leq 13b+2x-4b$
9. $3x+2b+x \geq 3b+5x-2b$
10. $-12a+9x-3a \neq 9x-14a$

1.3 Negative Zahlen

Vielleicht sind Sie bei den letzten Aufgaben bei den **negativen Zahlen** etwas unsicher geworden; wir wollen deshalb (sicherheitshalber) die wichtigsten Gesetze über die negativen Zahlen ganz kurz wiederholen.

a) Wie man zwei ganze Zahlen addiert und subtrahiert, ist Ihnen sicherlich klar (Denken Sie im Zweifelsfall an eine Rechnung mit Schulden und Guthaben!); eine Demonstration dieser Regeln finden Sie in den folgenden Beispielen:

Addition	**Subtraktion**
$(+3)+(+2)=3+2=5$	$(+3)-(+2)=3-2=1$
$(+3)+(-2)=3-2=1$	$(+3)-(-2)=3+2=5$
$(-3)+(+2)=-3+2=-1$	$(-3)-(+2)=-3-2=-5$
$(-3)+(-2)=-3-2=-5$	$(-3)-(-2)=-3+2=-1$

b) Für die Multiplikation und Division zweier ganzer Zahlen muß man sich nur die Regel für das Vorzeichen des Ergebnisses merken (der Betrag des Ergebnisses ist unabhängig vom Vorzeichen immer derselbe); wie lautet diese Vorzeichenregel?

Beispiele:

Multiplikation	**Division**
$(+3)\cdot(+2)=6$	$(+3):(+2)=\frac{3}{2}=1{,}5$
$(+3)\cdot(-2)=-6$	$(+3):(-2)=-\frac{3}{2}=-1{,}5$
$(-3)\cdot(+2)=-6$	$(-3):(+2)=-\frac{3}{2}=-1{,}5$
$(-3)\cdot(-2)=6$	$(-3):(-2)=\frac{3}{2}=1{,}5$

Einige Hinweise dazu:

① Die +-Vorzeichen können Sie weglassen und damit auch die Klammer um die Zahl; bei den −-Vorzeichen geht dies nicht:

$$(+3)\cdot(-2)=3\cdot(-2)=-6$$

② Nach der Divisionsregel ist also $-\frac{3}{2}=\frac{-3}{2}=\frac{3}{-2}$; das ist wichtig für die Auflösung eines Bruches. Sie lösen also z. B.

$$-\frac{x-2}{3} \text{ auf zu } \frac{-(x-2)}{3} \text{ oder zu } \frac{x-2}{-3},$$

$$\textbf{nicht} \text{ aber zu } \frac{-(x-2)}{-3} \left(=+\frac{x-2}{3}\right)$$

③ Wenn Sie sich die Vorzeichenregel in folgender kurzer (und etwas schlampiger) Form merken

2 gleiche Vorzeichen unmittelbar hintereinander ergeben +   2 verschiedene Vorzeichen unmittelbar hintereinander ergeben −

so können Sie diese Regel auch für die Addition und Subtraktion verwenden: $+(+2)=+2$ / $-(+2)=-2$ / $+(-2)=-2$ / $-(-2)=+2$ (Schauen Sie sich nochmals die Beispiele unter a) an!)

c) Schwierigkeiten mit der Anwendung dieser Vorzeichenregel gibt es vor allem immer wieder bei der Potenzschreibweise; unterscheiden Sie genau:

$(-2)^4 = (-2)\cdot(-2)\cdot(-2)\cdot(-2) = +16$ (Vorzeichen wird „mitpotenziert"!)

$-2^4 = -2\cdot2\cdot2\cdot2 = -16$ (nur die 2 wird potenziert!)

Diese Unterscheidung ist wichtig, wenn Sie eine negative Zahl in einen Term einsetzen (z. B. bei der Probe (1.2 d)); wenn Sie z. B. $x=-\frac{3}{2}$ einsetzen in den Term $-x^3-2x^2-3x$, so erhalten Sie

$$-\left(-\frac{3}{2}\right)^3-2\left(-\frac{3}{2}\right)^2-3\left(-\frac{3}{2}\right)=$$ (Klammern nicht vergessen!)

$$=-\left(-\frac{27}{8}\right)-2\left(+\frac{9}{4}\right)+\frac{9}{2}=$$ (Klammern nach dem Potenzieren stehen lassen!)

$$=\frac{27}{8}-\frac{9}{2}+\frac{9}{2}=\frac{27}{8}$$ (Klammern auflösen!)

d) Eine **Musteraufgabe** soll alle diese Regeln nochmals verdeutlichen:

$G=\mathbb{Z}$

$$\frac{(-2)^4-(-2^4)+(3-5)}{(2-3)\cdot(-2-3)\cdot[(-8)\,2-3(-4)]}>x+\frac{(-5)\cdot 2-2}{4\cdot(-1-2)}$$

$$\frac{16-(-16)+(-2)}{(-1)\cdot(-5)\cdot[-16-(-12)]}>x+\frac{-10-2}{4\cdot(-3)}$$

$$\frac{16+16-2}{5\cdot[-16+12]}>x+\frac{-12}{-12}$$

$$\frac{30}{5\cdot(-4)}>x+1$$

$$-\frac{3}{2}>x+1 \quad |-1$$

(Klammern von innen nach außen auflösen!/ Punktrechnung geht vor Strichrechnung!)

$$-\frac{3}{2}-1>x$$

$$-\frac{5}{2}>x$$

$$\underline{\underline{\mathbb{L}=\{-3,\,-4,\,-5,\,\ldots\}}}$$

Aufgaben

1. Setzen Sie $-3/-2/-1/0/1/2/3$ für x in den Term $\dfrac{-\frac{1}{2}x-1}{2(x-1)}$ ein.

2. Bestimmen Sie die Lösungsmenge folgender Aufgaben in der Grundmenge $G=\mathbb{Q}$ der rationalen Zahlen ($\mathbb{Q}$ umfaßt alle echten und unechten Brüche mit positiven und negativen Vorzeichen sowie die Zahl 0):

   a) $(-3-5):(-2)+x<(-2):(-5-3)$

   b) $(-5+2)\cdot x+(2-3)>-4-(-5)-2x$

   c) $x+[-(-1)]\neq x-[-(-1)]$

   d) $-3x-(2a-3a)<-2x-(3a-2a)$

   e) $-3x+3-(4a-2a)-(-2x)-a=0$

   f) $\dfrac{x\cdot(3^4-(-3)^3)}{-37+(-19)-(-2)}=-\dfrac{(-3)^4-3^3}{(-2-4)\cdot(-6)}-x$

   (Die Lösungsmengen der Ungleichungen lassen sich in $\mathbb{Q}$ nicht mehr in aufzählender Form angeben; notieren Sie daher z. B. für das Ergebnis $-\frac{5}{2}>x$ die Lösungsmenge so: $\mathbb{L}=\{x\in\mathbb{Q}|x<-\frac{5}{2}\}$ oder $\mathbb{L}=\{x<-\frac{5}{2}\}_{\mathbb{Q}}$)

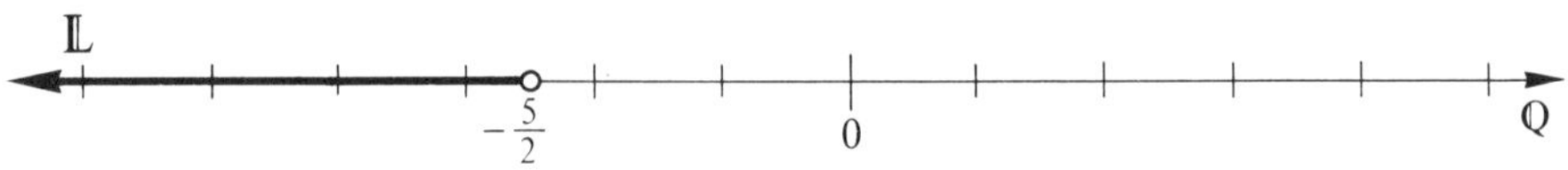

1.4 Klammerregeln

Wir sind bei den letzten Aufgaben immer wieder auf Klammern gestoßen; wie Sie sicher (?!) noch wissen, gibt es für das Auflösen dieser Klammern gewisse Regeln:

a) Berechnen Sie:

$20+(4+3)=$ ________	$20+4+3=$ ________
$20+(4-3)=$ ________	$20+4-3=$ ________
$20-(4+3)=$ ________	$20-4-3=$ ________
$20-(4-3)=$ ________	$20-4+3=$ ________

Die Gleichheit der Ergebnisse kann man leicht veranschaulichen; Beispiel (3. Zeile): Sie gehen von zu Hause mit 20,— DM weg und kaufen für 4,— DM und 3,— DM ein. Dann gibt es zwei Möglichkeiten, auszurechnen, wieviel Geld Sie noch haben:

α) Sie zählen alle Ausgaben zusammen und ziehen diese Summe von 20,— DM ab (links).

β) Sie ziehen von 20,— DM nacheinander die Ausgaben einzeln ab (rechts).

Aufgabe: Versuchen Sie, die anderen 3 Zeilen entsprechend zu veranschaulichen.

In einer Summe kann man also Klammern wie folgt auflösen:

> \+ vor der Klammer: Klammern weglassen, die Vorzeichen der verbundenen Glieder in der Klammer ______________________
>
> – vor der Klammer: Klammern weglassen, die Vorzeichen der verbundenen Glieder in der Klammer ______________________

b) Musterbeispiel: $G = \mathbb{Q}$ (gilt bis auf weiteres automatisch für alle Aufgaben)

$(3x-9)-5x-(2x+9) \neq x-(22-2x)+(4-6x)$	Klammern auflösen
$3x-9-5x-2x-9 \neq x-22+2x+4-6x$	Zusammenfassen
$-4x-18 \neq -3x-18 \quad \vert +4x$	Äquivalentes Umformen
$-18 \neq x-18 \quad \vert +18$	
$0 \neq x$	
$\mathbb{L} = \mathbb{Q} \setminus \{0\}$	(„Alles ohne die 0")

Aufgaben

1. $3x+(5x+4)=15x-(7x-7)$
2. $(3x+8)-(3-3x)>(10x+5)-(4x+2)$
3. $-(-\frac{2}{5}x-\frac{3}{11})-(-\frac{3}{5}x-\frac{4}{11})<\frac{3}{11}$
4. $20-(4-3x)=20-(4-2x)$
5. $(7x-3a)+5x-(3x+9a) \neq (2a+7x)-(13a-3x)$
6. $2x-(3b+5)<3-(2b-2x)$

c) Etwas anders liegt der Fall bei der Behandlung eines Produkts, bei dem ein Faktor eine Klammer ist. Hier läßt sich das allgemeine Gesetz leicht geometrisch veranschaulichen:

Beispiel: $3(2+5) =$ ________________ + ________________

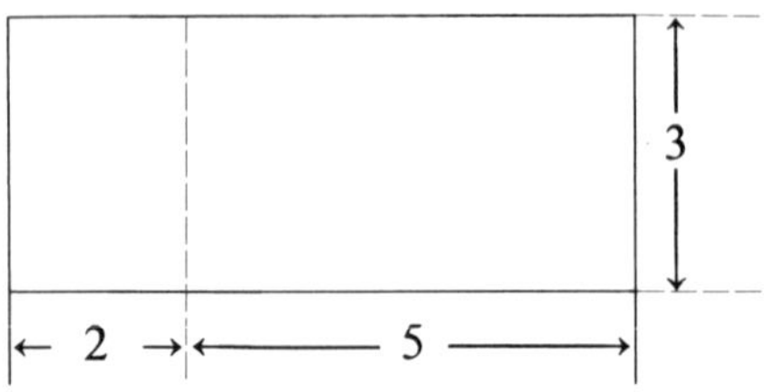

(Hilfe: Welches Rechteck wird durch $3(2+5)=3\cdot 7$ dargestellt? Welche Seiten haben die beiden Teilrechtecke, deren Inhaltssumme ebenfalls $3\cdot 7$ ist?)

Allgemein gilt das

Distributivgesetz: $a(b+c)=ab+ac$

An diesem Gesetz können Sie direkt ablesen, wie man die Klammer auflöst:

Sie multiplizieren einen Faktor a mit einer Klammer, indem Sie den Faktor mit jedem Summanden in der Klammer multiplizieren und dann addieren.

d) Hierzu einige wichtige **Hinweise** und Beispiele:

① Beachten Sie die Vorzeichen bei der Auflösung:

$$2(x-3)=2x-2\cdot 3=2x-6$$

② Haben Sie ein −-Zeichen vor dem Faktor a, lösen Sie in zwei Schritten auf:

$$-2(x-3)=$$ Distributivgesetz mit $+2$

$$=-(2x-6)=$$ (Klammern stehen lassen!)

$$=-2x+6$$ Klammern auflösen (1.4.a)

③ Da z. B. die Division :2 dasselbe ist wie die Multiplikation $\cdot\frac{1}{2}$, läßt sich das Distributivgesetz auch beim Dividieren anwenden:

$$\frac{3x-4}{2}=(3x-4):2$$

$$=(3x-4)\cdot\frac{1}{2}$$

$$=\frac{3x}{2}-\frac{4}{2}$$

$$=\frac{3}{2}x-2$$

Allgemein:

$\frac{b+c}{a}=\frac{b}{a}+\frac{c}{a}$

Achtung: Ein Bruchstrich beinhaltet die Klammer; bei der Auflösung eines Bruches in eine Division müssen Sie also Klammern setzen!!

(**Achtung:** $\frac{2}{3+5}$ $\left(=\frac{2}{8}=\frac{1}{4}\right)$ ist nicht dasselbe wie $\frac{2}{3}+\frac{2}{5}$ $\left(=\frac{10}{15}+\frac{6}{15}=\frac{16}{15}\right)$; man kann also Terme wie $\frac{2}{3x-4}$ **nicht** nach dem Distributivgesetz zerlegen!)

④ Die Aufgabe $(2\cdot 3)4$ hat nichts mit dem Distributivgesetz zu tun:

$$(2\cdot 3)4 = 6\cdot 4 = 24$$

⑤ Beachten Sie z. B. bei der Aufgabe $(2\cdot 3+4)5$, daß der Faktor 5 mit jedem **Summanden** in der Klammer (und nicht etwa einfach mit jeder Zahl in der Klammer!) multipliziert wird:

$$(2\cdot 3+4)5 = 2\cdot 3\cdot 5+4\cdot 5$$

⑥ Haben Sie mehrere Klammern ineinandergeschachtelt, so gilt die Regel:

Klammern werden von innen nach außen aufgelöst.

Beispiel:

$$\begin{aligned} 2\{4a-5[x+(a-2x)]+a\}-10x &= 2\{4a-5[x+a-2x]+a\}-10x \\ &= 2\{4a-5[a-x]+a\}-10x \\ &= 2\{4a-5a+5x+a\}-10x \\ &= 2\{5x\}-10x \\ &= 10x-10x \\ &= 0 \end{aligned}$$

e) Musterbeispiel:

$$\frac{1}{2}(2-x) > 3\left[2\left(\frac{1}{2}x-\frac{3}{2}\right)-\frac{3x-4}{2}\right]$$

$$1-\frac{1}{2}x > 3\left[x-3-\left(\frac{3}{2}x-2\right)\right]$$

$$1-\frac{1}{2}x > 3\left[x-3-\frac{3}{2}x+2\right]$$

$$1-\frac{1}{2}x > 3\left[-\frac{1}{2}x-1\right]$$

Klammern von innen nach außen auflösen

$$1-\frac{1}{2}x > -\frac{3}{2}x-3 \quad \left| +\frac{1}{2}x\right.$$

$$1 > -x-3 \quad |+x$$

$$x+1 > -3 \quad |-1$$

$$x > -4$$

$$\underline{\underline{\mathbb{L} = \{x > -4\}_{\mathbb{Q}}}}$$

Äquivalenzumformungen

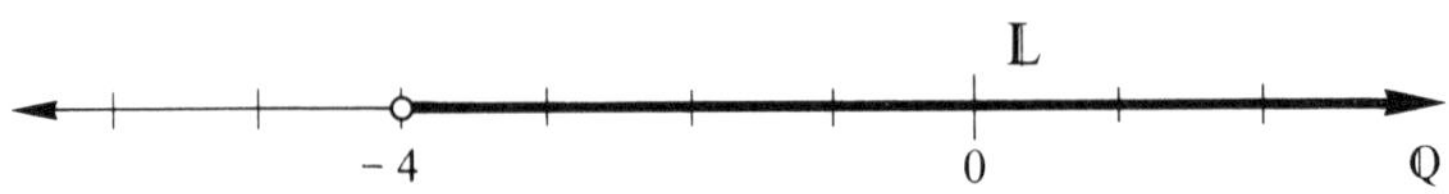

Aufgaben

1. $-2(3x+9)-2x > -3(7+3x)$
2. $x-[2(x-3)-5(2-3x)]=4(5-4x)$
3. $2[-x-3(3x-2)] \geq 3[2x+3(1-3x)]$
4. $2(3a-4x)-3(2a-3x)+a<0$
5. $12x-2\{3a-5[2a-2(x+a)]\}+9x=0$
6. $2\left[\frac{2x-5}{3}-\frac{2+3x}{2}\right] \neq \frac{1-2x}{2}+5\,\frac{1-2x}{6}$

1.5 Gleichungsregeln

a) Unter (1.2.a) und (1.2.b) hatten wir bereits zwei wichtige Äquivalenzumformungen gefunden; mit Hilfe des Distributivgesetzes können wir nun untersuchen, ob die Multiplikation bzw. Division der beiden Seiten einer (Un-)Gleichung mit einer Zahl (Klammern dabei nicht vergessen!) ebenfalls eine Äquivalenzumformung ist. Gehen wir wieder aus von

$$(G = \mathbb{N})$$

mit	$x+2=7$ $\mathbb{L}=\{5\}$	$x+2<7$ $\mathbb{L}=\{1, 2, 3, 4\}$	$x+2\geqq 7$ $\mathbb{L}=\{5, 6, 7\ldots\}$

① Multiplizieren Sie beide Seiten der (Un-)Gleichung mit 3:

(Klammern!)	$3x+6=21$	________	________
Lösungsmenge	$\mathbb{L}=$ ________	$\mathbb{L}=$ ________	$\mathbb{L}=$ ________

② Dividieren Sie stattdessen durch 2 auf beiden Seiten:

(Klammern!)	________	$\frac{x}{2}+1<\frac{7}{2}$	________
Lösungsmenge	$\mathbb{L}=$ ________	$\mathbb{L}=$ ________	$\mathbb{L}=$ ________

③ Multiplizieren Sie beide Seiten der (Un-)Gleichung getrennt mit (-3), so erhalten Sie

________	________	$-3x-6\geqq -21$ mit
$\mathbb{L}=$ ________	$\mathbb{L}=$ ________	$\mathbb{L}=$ ________

Drehen Sie nun bei den Ungleichungen in ③ die Ungleichheitszeichen um und untersuchen Sie

	________	$-3x-6\leqq -21$
Wie lautet $\mathbb{L}$ jetzt?	$\mathbb{L}=$ ________	$\mathbb{L}=$ ________

④ Dividieren Sie stattdessen die beiden Seiten der (Un-)Gleichungen getrennt durch (-2):

________	$-\frac{x}{2}-1<-\frac{7}{2}$	________
$\mathbb{L}=$ ________	$\mathbb{L}=$ ________	$\mathbb{L}=$ ________

Untersuchen Sie ebenfalls wieder die Ungleichungen mit dem umgekehrten Ungleichheitszeichen:

	$-\frac{x}{2} - 1 > -\frac{7}{2}$	__________
Lösungsmenge?	$\mathbb{L}$ = ________	$\mathbb{L}$ = ________

⑤ Multiplizieren Sie beide Seiten der (Un-)Gleichung mit 0:

__________	__________	__________
$\mathbb{L}$ = ________	$\mathbb{L}$ = ________	$\mathbb{L}$ = ________

b) Wann ändert also die Multiplikation bzw. Division der beiden Seiten einer (Un-)Gleichung mit einer Zahl die Lösungsmenge nicht?

	Gleichung	Ungleichung
Mult./Div. mit pos. Zahl		
Mult./Div. mit 0		
Mult./Div. mit neg. Zahl		*

* Was kann man hier aber tun, damit sich die Lösungsmenge nicht ändert?

____

c) Zusammenfassung: **Äquivalenzumformungen einer (Un-)Gleichung:**

1. Addition/Subtraktion beider Seiten mit einer beliebigen Zahl/ Formvariable
2. Multiplikation/Division beider Seiten mit einer beliebigen Zahl/ Formvariable ungleich 0

   Ausnahme: Bei der Multiplikation/Division der beiden Seiten einer **Ungleichung** mit einer **negativen Zahl** kehrt sich das Ungleichheitszeichen um.

d) Musterbeispiele:

① In der 6. Zeile des Beispiels (1.4.e) könnte man stattdessen auch so weiterrechnen:

$$
\begin{aligned}
1 &> -x-3 \quad |\cdot(-1)\\
-1 &< x+3 \quad |-3\\
\underline{\underline{-4}} &\underline{\underline{< x}}
\end{aligned}
$$

Umkehrung des Zeichens: > wird zu <!!

②
$$
\begin{aligned}
-6-\left[\frac{6}{5}(x-2)-\frac{5x+3}{2}\right] &\leq 1{,}6x\\
-6-\left[\frac{6}{5}x-\frac{12}{5}-\left(\frac{5}{2}x+\frac{3}{2}\right)\right] &\leq 1{,}6x\\
-6-\left[\frac{6}{5}x-\frac{12}{5}-\frac{5}{2}x-\frac{3}{2}\right] &\leq 1{,}6x\\
-6-\frac{6}{5}x+\frac{12}{5}+\frac{5}{2}x+\frac{3}{2} &\leq 1{,}6x \quad |\cdot 10\\
-60-12x+24+25x+15 &\leq 16x\\
13x-21 &\leq 16x \quad |-16x\\
-3x-21 &\leq 0 \quad |+21\\
-3x &\leq 21 \quad |:(-3)\\
x &\geq \frac{21}{-3}\\
x &\geq -7\\
\mathbb{L} &= \{x \geq -7\}_{\mathbb{Q}}
\end{aligned}
$$

Klammern auflösen

Zahlen vereinfachen

Zusammenfassen

Äquivalenzumformungen

(Umkehrung von ≤ zu ≥!!)

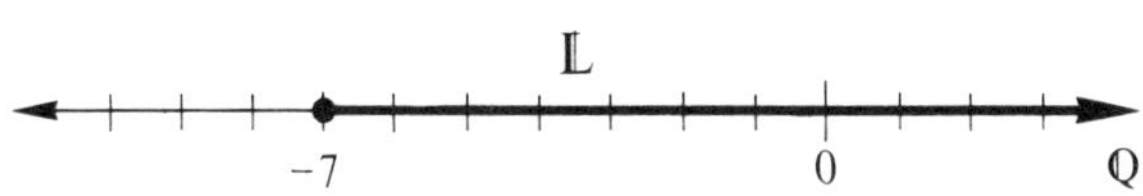

e) Zusammenfassung: **Gleichungsregeln:**

1. Klammern auflösen (1.4)
2. Zusammenfassen und Vereinfachen (möglichst keine Bruchzahlen!)
3. Umwandeln mit Hilfe der Äquivalenzumformungen (1.5.c) auf die Form x = ...(x < .../x > .../...)
(x auf eine Seite, Zahlen/Formvariablen auf die andere Seite!)

Aufgaben

1. $31x = 24x + 84$
2. $12x - 23 < 7x + 17$
3. $17x + 59 \neq 13 - 6x$
4. $53x + 2(13 - 10x) \geq 4$
5. $17(x - 2) - 5(5x - 6) \leq 0$
6. $19x - 13a > 17x + a$
7. $5x - 2(4b - 3x) < 2(4x - 7b)$
8. $4(2x - 6a + 1) = 3(8 - 10a + 4x)$
9. $2(x - 3b) + 3(6b - 2x) > 4b$
10. $5[2(4b - x) - 1] + 2x > 4[-1 + 2(5b - x)]$
11. $2a - [3a - (1 - 2x) + x] = 2a$
12. $6x - 3[2x + (x - 2a)] \leq 9c$
13. $5x - \frac{19x - 7}{3} > \frac{2x + 5}{3}$
14. $-\left[3\,\frac{3x - 5}{2} - 3(x - 2)\right] + \frac{2}{3}$
15. $2\left[\frac{2x - 3a}{3} - \frac{x - 5a}{6}\right] \leq 3x$
16. $2 - 3\left[2x - \frac{5x - 2a}{3}\right] < 4 - x$

1.6 Textaufgaben

Zum Abschluß dieses Kapitels noch ein kurzes Wort zu **Textaufgaben:** Sie kennen ganz sicher zur Genüge die Schwierigkeit, einen Worttext in eine (oder mehrere) (Un-)Gleichungen zu übersetzen. Es gibt ein ganz einfaches Schema, wie man das am besten macht:

a)

1. Legen Sie die Unbekannte x fest und übersetzen Sie alle Einzelheiten des Textes in Terme (die gesuchte (Un-)Gleichung ergibt sich dann ganz von selbst aus der Fragestellung)!
2. Lösen der (Un-)Gleichung (nach den üblichen Regeln)
3. Antwortsatz nicht vergessen! (Prüfen Sie dabei, ob Ihr Ergebnis eine **sinnvolle** Antwort auf die Frage des Textes ist!)

b) Musterbeispiel:

Ein Sportverein hat 213 passive Mitglieder (Jahresbeitrag: 17,— DM) und 257 aktive Mitglieder (Jahresbeitrag: 43,— DM); die festen Kosten des Vereins (Hallen- und Platzmieten, Gerätekosten, ...) betragen im Jahr 15000,— DM. Damit das Jahr ohne Verlust abgeschlossen werden kann: Wieviele neue

α) passive oder β) aktive

Mitglieder müßten noch geworben werden?

Lösung von Teil α):

Bisherige Einnahmen: (in DM)	$213 \cdot 17 + 257 \cdot 43$	Festlegung von x und Übersetzung des Textes
Zahl der neuen passiven Mitglieder:	$x \quad (G = \mathbb{N})$	
Neue Mitglieder zahlen:	$x \cdot 17$	
Gesamteinnahmen: (in DM)	$213 \cdot 17 + 257 \cdot 43 + x \cdot 17$	
Gesamtausgaben: (in DM)	15000	

Ansatz: Gesamtausgaben ≤ Gesamteinnahmen — Ansatz

$$15000 \leq 213 \cdot 17 + 257 \cdot 43 + x \cdot 17$$

Lösen der (Un-)Gleichung:

$$15000 \leq 3621 + 11051 + 17x$$
$$15000 \leq 14672 + 17x \quad | -14672$$
$$328 \leq 17x \quad | :17$$
$$19{,}29 \leq x$$

Der Verein braucht mindestens 20 neue passive Mitglieder. — Antwortsatz

Aufgaben

1. Lösen Sie Teil β) ebenso.
2. Ein Handballverein verlangt 40,— DM, der Fußballverein im gleichen Ort 50,— DM Jahresbeitrag. Nach den Beobachtungen der letzten Jahre erhöht sich der Beitrag des Handballvereins jedes Jahr um 3,— DM, der Beitrag für den Fußballverein steigt dagegen nur um 1,50 DM pro Jahr. Angenommen, das bleibt so: Wann ist der Handballverein erstmals teurer als der Fußballverein, und welche Beiträge müssen dann bezahlt werden?
3. Für einen bunten Abend stehen bereits 1 000,— DM an Spenden zur Verfügung. Jeder Gast zahlt eine Pauschale von 25,— DM für den Abend, jeder Gast kostet aber (Saalmiete, Kapelle, Essen und Trinken umgelegt) 33,— DM.

   a) Wieviele Gäste dürfen höchstens kommen, damit Sie als Veranstalter keinen Verlust machen?

   b) Sie als Veranstalter rechnen mit höchstens 200 Personen; wieviel muß dann jeder Gast mindestens als Abendpauschale zahlen, damit Sie keinen Verlust machen?

   c) Wie b), aber Sie möchten an diesem Abend wenigstens 150,— DM verdienen.
4. Zum Schluß eine harte Nuß: In einem Korb liegen Nüsse; sie werden an 3 Leute folgendermaßen verteilt: Der erste bekommt die Hälfte und 1 Nuß, der zweite die Hälfte des Restes und 1 Nuß, der dritte die Hälfte wieder des Restes und die dann noch übrigen 10 Nüsse. Wieviele Nüsse waren am Anfang in dem Korb?

2 Lineare Gleichungen und Ungleichungen mit Absolutbetrag

2.1 Definition des absoluten Betrages

a)

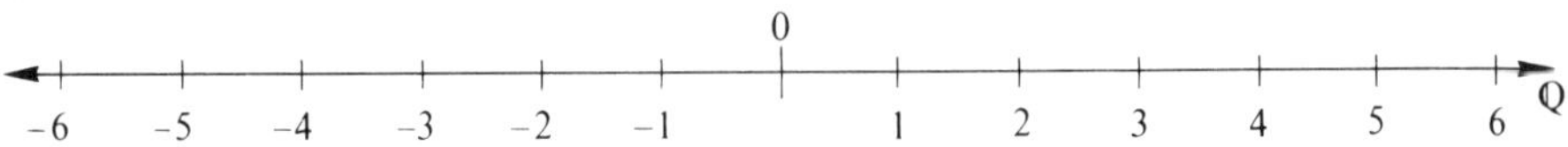

Wenn Sie sich alle Zahlen als Punkte auf der Zahlengeraden vorstellen, so hat jede Zahl einen ganz bestimmten Abstand vom Nullpunkt 0.

Beispiele: 4 hat den Abstand 4 }
0 hat den Abstand 0 } vom Nullpunkt 0.
−3 hat den Abstand 3 }

Diesen Abstand nennt man den **absoluten Betrag** (oder auch einfach den **Betrag**) der Zahl und notiert ihn mit 2 senkrechten Strichen vor und hinter der Zahl. Unser obiges Beispiel kann man dann auch kürzer schreiben:

$|4| = 4$ $\qquad |0| = 0$ $\qquad |-3| = 3$

b) Da ein Abstand immer positiv gemessen wird, erhält man sofort eine sehr wichtige Eigenschaft des absoluten Betrages:

> Der Betrag jeder Zahl ist größer oder gleich Null:
> Für alle $a \in \mathbb{Q}$ ist $|a| \geq 0$.

Beachten Sie: Der **Betrag** einer Zahl $|a|$ ist **nie negativ**, die **Zahl** a selbst (zwischen den Betragstrichen) kann aber sehr wohl **positiv oder negativ** sein – diese beiden Dinge werden häufig verwechselt!

c) Man kann die Fragestellung aus a) auch umkehren.
Beispiel: Welche Zahl hat den Abstand 5 vom Nullpunkt?
In einer Gleichung: $|x| = 5$

$\mathbb{L} = \{-5, 5\}$ (Es gibt 2 Lösungen!)

Machen wir zur Sicherheit die Probe (1.2.d):

$|-5| = 5$ $\qquad |5| = 5$

$5 = 5\,(w)$ $\qquad 5 = 5\,(w)$

d) Musterbeispiele: $(G = \mathbb{Z})$

$\|x\| \leq 3$ $\mathbb{L} = \{-3, -2, -1, 0, 1, 2, 3\}$	$\|x\| > 7$ $\mathbb{L} = \{\pm 8, \pm 9, \ldots\}$	$\|x-1\| = 2$ $\mathbb{L} = \{-1, 3\}$
$\|x+2\| \neq 1$ $\mathbb{L} = \mathbb{Z} \setminus \{-3, -1\}$	$\|x-3\| = -1$ $\mathbb{L} = \emptyset$ (Beachten Sie b)!)	

Aufgaben

Bestimmen Sie durch Probieren die Lösungsmengen folgender Betrags(un-)gleichungen in $G = \mathbb{Z}$:

1. $|x| < 2$
2. $|x| \geq 4$
3. $|x| \neq 0$
4. $|x+2| = 7$
5. $|7-x| < 4$
6. $|5+x| < 2$
7. $|2-x| \leq 0$
8. $|2-x| < 0$
9. $|2x-3| = 0$
10. $|5-2x| > 10$

2.2 Betragsregeln

Für das Rechnen mit dem Betrag gibt es **Regeln:**

a) Berechnen Sie:

$\|2+3\| =$ ______	$\|2\| + \|3\| =$ ______	$\|2\| - \|-3\| =$ ______
$\|-2+3\| =$ ______	$\|-2\| + \|3\| =$ ______	$-\|2\| + \|3\| =$ ______
$\|2-3\| = \|-1\| = 1$	$\|2\| + \|-3\| = 2 + 3 = 5$	$\|2\| - \|3\| = 2 - 3 = -1$
$\|-2-3\| =$ ______	$\|-2\| + \|-3\| =$ ______	$-\|2\| - \|3\| =$ ______

Sie sehen:

> Der Betrag einer Summe (Differenz) ist i. a. **nicht** dasselbe wie die Summe (Differenz) der Beträge.

Es ist also $|x-2| \neq |x| - |2|$!!!

b) Wir wollen nun das gleiche Problem auch für Produkte und Quotienten von Beträgen untersuchen; berechnen Sie:

$\lvert 2\cdot 3\rvert = \underline{\qquad\qquad}$	$\lvert 2\rvert\cdot\lvert 3\rvert = \underline{\qquad\qquad}$
$\lvert 2\cdot(-3)\rvert = \underline{\lvert -6\rvert = 6}$	$\lvert 2\rvert\cdot\lvert -3\rvert = \underline{2\cdot 3 = 6}$
$\lvert(-2)\cdot 3\rvert = \underline{\qquad\qquad}$	$\lvert -2\rvert\cdot\lvert 3\rvert = \underline{\qquad\qquad}$
$\lvert(-2)\cdot(-3)\rvert = \underline{\qquad\qquad}$	$\lvert -2\rvert\cdot\lvert -3\rvert = \underline{\qquad\qquad}$
$\left\lvert\frac{2}{3}\right\rvert = \underline{\qquad\qquad}$	$\frac{\lvert 2\rvert}{\lvert 3\rvert} = \underline{\qquad\qquad}$
$\left\lvert\frac{2}{-3}\right\rvert = \underline{\qquad\qquad}$	$\frac{\lvert 2\rvert}{\lvert -3\rvert} = \underline{\qquad\qquad}$
$\left\lvert\frac{-2}{3}\right\rvert = \underline{\qquad\qquad}$	$\frac{\lvert -2\rvert}{\lvert 3\rvert} = \underline{\qquad\qquad}$
$\left\lvert\frac{-2}{-3}\right\rvert = \underline{\qquad\qquad}$	$\frac{\lvert -2\rvert}{\lvert -3\rvert} = \underline{\qquad\qquad}$

Offensichtlich gilt:

> Für alle $a, b \in \mathbb{Q}$ ist $\lvert a\,b\rvert = \lvert a\rvert\cdot\lvert b\rvert$ und $\left\lvert\frac{a}{b}\right\rvert = \frac{\lvert a\rvert}{\lvert b\rvert}$ $(b \neq 0)$
>
> Der Betrag eines Produkts (Quotienten) ist gleich dem Produkt (Quotienten) der Beträge.

c) Musterbeispiele und Hinweise:

① $\lvert -2x\rvert$ kann man also vereinfachen zu $\lvert -2x\rvert = \lvert -2\rvert\cdot\lvert x\rvert = 2\lvert x\rvert$.

② Ebenso ist $\left\lvert -\frac{x}{2}\right\rvert = \left\lvert\frac{x}{-2}\right\rvert = \frac{\lvert x\rvert}{\lvert -2\rvert} = \frac{\lvert x\rvert}{2} = \frac{1}{2}\lvert x\rvert$

bzw. $\left\lvert -\frac{x}{2}\right\rvert = \left\lvert\frac{-x}{2}\right\rvert = \frac{\lvert -x\rvert}{\lvert 2\rvert} = \frac{\lvert -x\rvert}{2} = \frac{1}{2}\lvert -x\rvert$

(Die Ergebnisse beider Umformungen sind **gleich**, auch wenn es auf den ersten Blick nicht so aussieht!/Prüfen Sie das durch Einsetzen von Zahlen nach!)

③ $|a^2| = |a \cdot a| = |a| \cdot |a| = |a|^2$

Da außerdem $|a|^2 = a^2$ ist (2.1.b), gilt daher:

$$\boxed{|a|^2 = |a^2| = a^2}$$

In Zahlen: $|-3|^2 = |(-3)^2| = (-3)^2$, denn:

$|-3|^2 = 3^2 = 9$

$|(-3)^2| = |9| = 9$

$(-3)^2 = 9$

(Beachten Sie die **verschiedenen** Wege, die auf dasselbe Ergebnis führen!)

Aufgabe: Gilt dieselbe (oder eine ähnliche) Aussage auch für a^3 und a^4? (Überlegen Sie genau!)

④ **Beachten Sie besonders:**
$|-5| = |5|$ ist eine wahre Aussage; daraus läßt sich aber **nicht** folgern, daß $-5 = 5$ ist! Allgemein:

$$\boxed{\text{Aus } |x| = |a| \text{ folgt i.a. } \textbf{nicht}\text{, daß } x = a \text{ ist!}}$$

(Die Umkehrung ist natürlich richtig: $5 = 5 \Rightarrow |5| = |5|$ oder allgemein: $x = a \Rightarrow |x| = |a|$)

Aufgaben

1. Vereinfachen Sie soweit wie möglich:

a) $|\frac{2}{3}x|$ b) $|-\frac{4}{3}x|$ c) $|x-1|$

d) $|2(x-1)|$ e) $\left|\frac{2(x-1)}{-3}\right|$ f) $\left|\frac{2x^2}{-3}\right|$

g) $|-4x^2(x-1)|$ h) $|-\frac{3}{4}(x-1)^2 x^3|$

2. Zeigen Sie durch Einsetzen von Zahlen a mit verschiedenen Vorzeichen nochmals ④, daß nämlich $|x| = |a|$ und $x = a$ keine äquivalenten Gleichungen sind, d.h. verschiedene Lösungsmengen besitzen:

$$\boxed{|x| = |a| \not\Leftrightarrow x = a}$$

3. Zeigen Sie durch Einsetzen von Zahlen a mit verschiedenen Vorzeichen, daß $|x|=|a|$ und $x^2=a^2$ äquivalente Gleichungen sind, d.h. dieselbe Lösungsmenge besitzen (1.2.b):

$$|x|=|a| \Leftrightarrow x^2=a^2$$

2.3 Beträge von Summen und Differenzen

a) Bis jetzt können wir Beträge von Produkten und Quotienten recht gut vereinfachen; als störrisch erweisen sich immer noch die **Beträge von Summen und Differenzen.** Aber auch sie muß man berechnen können:

Beispiel: Nach den Gleichungsregeln müssen Sie die x-Glieder auf einer und die Zahlen auf der anderen Seite zusammenfassen (1.2.e); wie machen Sie das aber z.B. in der Ungleichung

$$1-|x-1|\geqslant x \quad ?$$

(Den Betrag einfach weglassen dürfen Sie nicht! Genauso wenig können Sie $|x-1|$ ersetzen durch $|x|-|1|$! (2.2.a))
Dieses Problem wollen wir jetzt angehen:

b) Sicher ist Ihnen schon aufgefallen, daß in den positiven Zahlen die Zahl mit ihrem Betrag übereinstimmt:

$|2| =$ ______ $|5| =$ ______ $|7| =$ ______

Wir können also allgemein sagen:

$$\text{Für } a>0 \text{ ist } |a|=a$$

Dasselbe gilt für die Zahl 0: $|0| =$ ______

$$\text{Für } a=0 \text{ ist } |a|=0$$

Im negativen Bereich sieht das etwas anders aus; berechnen Sie:

$|-2| =$ _____ $|-5| =$ _____ $|-7| =$ _____

Es fällt auf, daß die Zahlen bis auf die Vorzeichen gleich sind: $|-3|=3$ / $|-1|=1$

Sehen Sie eine einfache Möglichkeit, wie man die Vorzeichen **ohne Benutzung von Betragstrichen** korrigieren kann? (Hilfe: (1.3.b)③)

Also:

$$\boxed{\text{Für } a<0 \text{ ist } |a|=-a}$$

Beispiele: $|-3|=-(-3)=+3$ / $|-1|=-(-1)=+1$

(**Achtung:** Die Zahl $(-a)$ sieht negativ aus, aber der Schein trügt: a ist (nach Voraussetzung) negativ, enthält also schon ein Minuszeichen; das Minuszeichen vor a ist daher bereits das zweite, wodurch die Zahl $(-a)$ positiv wird!)

c) Wenn wir nun alle drei Fälle aus b) zusammenfassen, erhalten wir eine **Definition des absoluten Betrages,** die es erlaubt, mit dem Betrag zu rechnen:

$$|a| = \begin{cases} a & \text{für } a>0 \\ 0 & \text{für } a=0 \\ -a & \text{für } a<0 \end{cases}$$

Beachten Sie, daß auf der rechten Seite keine Betragstriche mehr vorkommen – dafür hat man sich allerdings eine **Fallunterscheidung** $a>0$, $a=0$, $a<0$ eingehandelt, die man immer treffen muß.

Oft schreibt man diese Definition auch kürzer

$$|a| = \begin{cases} a & \text{für } a\geqslant 0 \\ -a & \text{für } a<0 \end{cases}$$

[Die ersten beiden Fälle der vorigen Definition kann man zusammenfassen (Setzen Sie $a=0$ in die 1. Zeile ein!); man hat damit einen Fall weniger zu behandeln!]

Leider kann man diese Kurzdefinition nicht immer anwenden; z. B. bei $\frac{1}{|a|}$ muß der Fall $a=0$ ausgeschlossen werden (siehe Beispiel ⑤ unten).

d) Musterbeispiele:

① $|x| = \begin{cases} x & \text{für } x>0 \\ 0 & \text{für } x=0 \\ -x & \text{für } x<0 \end{cases}$ oder kürzer: $|x| = \begin{cases} x & \text{für } x\geqslant 0 \\ -x & \text{für } x<0 \end{cases}$

② $|2x|$: Ersetzen Sie überall in der Definition a durch $2x$; Sie erhalten damit

$$|2x| = \begin{cases} 2x & \text{für } 2x>0 \\ 0 & \text{für } 2x=0 \\ -2x & \text{für } 2x<0 \end{cases}$$

(Die rechten Ungleichungen können Sie noch vereinfachen, indem Sie durch 2 dividieren)

$|2x| = \begin{cases} 2x & \text{für } x>0 \\ 0 & \text{für } x=0 \\ -2x & \text{für } x<0 \end{cases}$ oder kürzer: $|2x| = \begin{cases} 2x & \text{für } x\geqslant 0 \\ -2x & \text{für } x<0 \end{cases}$

[**Achtung:** Die linken Terme $2x$ / 0 / $-2x$ bleiben unangetastet, Sie können sie **nicht** vereinfachen (Sie haben hier **keine (Un-)Gleichung** vor sich!)!!]

③ $|x-1|$: Ersetzen Sie wie eben in der Definition a durch $(x-1)$; Sie erhalten:

$$|x-1| = \begin{cases} (x-1) & \text{für } x-1>0 \\ 0 & \text{für } x-1=0 \\ -(x-1) & \text{für } x-1<0 \end{cases}$$

(Klammern nicht vergessen!!!)

Vereinfachen Sie wieder die (Un-)Gleichungen rechts (1 auf die andere Seite):

$|x-1| = \begin{cases} x-1 & \text{für } x>1 \\ 0 & \text{für } x=1 \\ -x+1 & \text{für } x<1 \end{cases}$ oder kürzer: $|x-1| = \begin{cases} x-1 & \text{für } x\geqslant 1 \\ -x+1 & \text{für } x<1 \end{cases}$

(Die Klammern in $-(x-1)$ dürfen Sie noch auflösen, da dadurch der Wert des Terms nicht geändert wird!)

④ $$|2x-3| = \begin{cases} 2x-3 & \text{für } 2x-3>0 \\ 0 & \text{für } 2x-3=0 \\ -(2x-3) & \text{für } 2x-3<0 \end{cases}$$

((Un-)Gleichungen vereinfachen!)

$|2x-3| = \begin{cases} 2x-3 & \text{für } x>\frac{3}{2} \\ 0 & \text{für } x=\frac{3}{2} \\ -2x+3 & \text{für } x<\frac{3}{2} \end{cases}$ kurz: $|2x-3| = \begin{cases} 2x-3 & \text{für } x\geqslant\frac{3}{2} \\ -2x+3 & \text{für } x<\frac{3}{2} \end{cases}$

⑤

$$\frac{1}{|a|}=\begin{cases}\dfrac{1}{a} & \text{für } a>0\\[2ex] \dfrac{1}{-a} & \text{für } a<0\end{cases}$$

$\left(\frac{1}{0}\right.$ ist **nicht definiert**!$\left.\right)$

Also: $$\frac{1}{|a|}=\begin{cases}\dfrac{1}{a} & \text{für } a>0\\ \text{nicht def.} & \text{für } a=0\\ \dfrac{1}{-a} & \text{für } a<0\end{cases}$$

(Die verkürzte Definition aus c) ist hier **nicht** anwendbar!)

Aufgaben

Schreiben Sie ohne Betragstriche:

1. $|3x|$
2. $|-4a|$
3. $|x+2|$
4. $|2x-6|$
5. $|2(x-3)|$
6. $|-3x+5|$
7. $|-3(x+5)|$
8. $|2x-3+(x+1)|$
9. $|5(x-1)-3(x-2)|$
10. $\dfrac{1}{|a-1|}$

2.4 (Un-)Gleichungen mit einem Betrag

a) Mit Hilfe dieser Fallunterscheidung ist es nun auch möglich, **(Un-)Gleichungen mit absoluten Beträgen** zu lösen; wie man das genau macht, sollen die folgenden **Musterbeispiele** demonstrieren (Bitte arbeiten Sie diese Beispiele sehr genau durch, sie sind grundlegend für alles Folgende!):

① $|x|\leq 3$

Machen Sie zunächst die übliche Fallunterscheidung:

$$|x|=\begin{cases}x & \text{für } x\geq 0\\ -x & \text{für } x<0\end{cases}$$ (2.3.d) ①)

Diese Fallunterscheidung setzen Sie in die Ungleichung ein; Sie erhalten damit **2 Ungleichungen:**

$$\begin{cases}x\leq 3 & \text{für } x\geq 0\\ -x\leq 3 & \text{für } x<0\end{cases}$$

Beide Ungleichungen lösen Sie nun getrennt für sich **in den jeweiligen x-Bereichen:**

$x \leqslant 3$ **für $x \geqslant 0$**
(d.h. nur Lösungen in $\{x \geqslant 0\}_{\mathbb{Q}}$ werden berücksichtigt!)

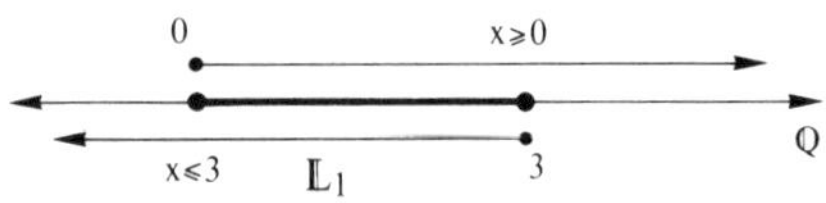

$\mathbb{L}_1 = \{0 \leqslant x \leqslant 3\}_{\mathbb{Q}}$

oder

$-x \leqslant 3$ **für $x < 0$**
(d.h. nur Lösungen in $\{x < 0\}_{\mathbb{Q}}$ werden berücksichtigt!)

$x \geqslant -3$

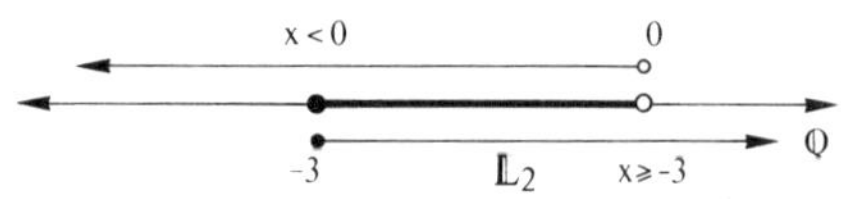

$\mathbb{L}_2 = \{-3 \leqslant x < 0\}_{\mathbb{Q}}$

Lösungen sind also alle x mit $\{0 \leqslant x \leqslant 3\}_{\mathbb{Q}}$ sowie auch alle x mit $\{-3 \leqslant x < 0\}_{\mathbb{Q}}$. Die Gesamtlösungsmenge $\mathbb{L}$ ist also

$$\underline{\underline{\mathbb{L} = \{-3 \leqslant x \leqslant 3\}_{\mathbb{Q}}}}$$

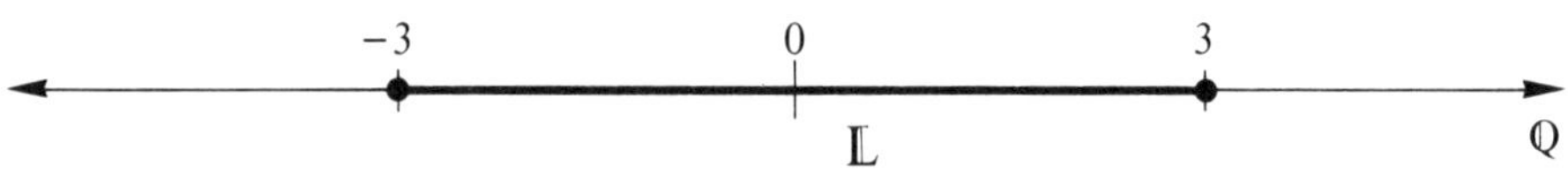

② $|x-1| = 2$

Fallunterscheidung: $|x-1| = \begin{cases} x-1 & \text{für } x \geqslant 1 \\ -x+1 & \text{für } x < 1 \end{cases}$ (2.3.d) ③)

2 Gleichungen: $\begin{cases} x-1=2 & \text{für } x \geqslant 1 \\ -x+1=2 & \text{für } x < 1 \end{cases}$

$x-1=2$ **für $x \geqslant 1$**
$x = 3$

$x=3$ liegt in $\{x \geqslant 1\}_{\mathbb{Q}}$, ist also eine Lösung!
$\mathbb{L}_1 = \{3\}$

oder

$-x+1=2$ **für $x < 1$**
$-x = 1$
$x = -1$
$x=-1$ liegt in $\{x < 1\}_{\mathbb{Q}}$, ist also eine Lösung!
$\mathbb{L}_2 = \{-1\}$

$$\underline{\underline{\text{Gesamtlösungsmenge } \mathbb{L} = \{-1, 3\}}}$$

③ $|2x-3| \geqslant 7-3x$

Fallunterscheidung: $|2x-3| = \begin{cases} 2x-3 & \text{für } x \geqslant \frac{3}{2} \\ -2x+3 & \text{für } x < \frac{3}{2} \end{cases}$ (2.3.d) ④)

2 Ungleichungen: $\begin{cases} 2x-3 \geqslant 7-3x & \text{für } x \geqslant \frac{3}{2} \\ -2x+3 \geqslant 7-3x & \text{für } x < \frac{3}{2} \end{cases}$

[Der Ausdruck „$\geqslant 7-3x$" hat mit der Fallunterscheidung nichts zu tun, bleibt also unverändert!]

	oder	
$2x-3 \geqslant 7-3x$ **für** $\mathbf{x \geqslant \frac{3}{2}}$		$-2x+3 \geqslant 7-3x$ **für** $\mathbf{x < \frac{3}{2}}$
$5x \geqslant 10$		$x \geqslant 4$
$x \geqslant 2$		

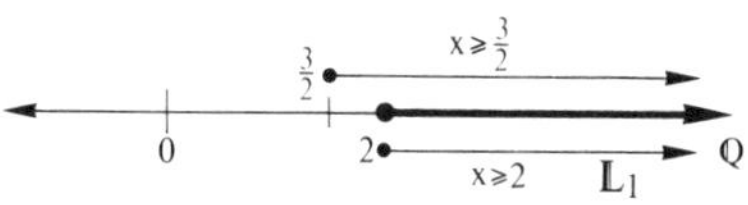

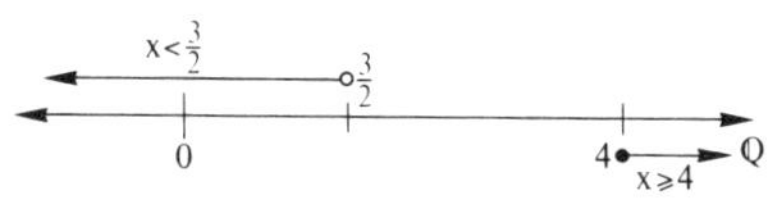

$\mathbb{L}_1 = \{x \geqslant 2\}_{\mathbb{Q}}$ $\mathbb{L}_2 = \emptyset$

Gesamtlösungsmenge $\mathbb{L} = \{x \geqslant 2\}_{\mathbb{Q}}$

④ $1 - x - |2(3x+2) - 5(1+x)| < -\frac{3}{2}(x+1)$

$$1 - x - |6x+4-5-5x| < -\frac{3}{2}x - \frac{3}{2}$$

$$1 - x - |x-1| < -\frac{3}{2}x - \frac{3}{2} \quad \Big| + |x-1|$$

$$1 - x < |x-1| - \frac{3}{2}x - \frac{3}{2} \quad \Big| + \frac{3}{2}x + \frac{3}{2}$$

$$\frac{5}{2} + \frac{x}{2} < |x-1| \quad \Big| \cdot 2$$

$$5 + x < 2|x-1|$$

Fallunterscheidung: $|x-1| = \begin{cases} x-1 & \text{für } x \geq 1 \\ -x+1 & \text{für } x < 1 \end{cases}$ (2.3.d) ③)

2 Ungleichungen: $\begin{cases} 5+x<2(x-1) & \text{für } x \geq 1 \\ 5+x<2(-x+1) & \text{für } x<1 \end{cases}$ (Vereinfachen)

$\begin{cases} 5+x<2x-2 & \text{für } x \geq 1 \\ 5+x<-2x+2 & \text{für } x<1 \end{cases}$

$\begin{cases} 7<x & \text{für } x \geq 1\text{: } \mathbb{L}_1 = \{x>7\}_{\mathbb{Q}} \\ x<-1 & \text{für } x<1\text{: } \mathbb{L}_2 = \{x<-1\}_{\mathbb{Q}} \end{cases}$

[Kurzschreibweise für die Fallunterscheidung]

Gesamtlösungsmenge: $\mathbb{L} = \{x<-1\}_{\mathbb{Q}} \cup \{x>7\}_{\mathbb{Q}}$ oder in anderer Notierung:
$\mathbb{L} = \mathbb{Q} \setminus \{-1 \leq x \leq 7\}_{\mathbb{Q}}$ („$\mathbb{Q}$ ohne den Bereich von -1 bis 7“)

b) Man kann also folgendes Schema für die **Lösung von (Un-)Gleichungen mit absolutem Betrag** aufstellen:

1. **Fallunterscheidung** für den Betrag nach (2.3.c)
2. Einsetzen der verschiedenen Fälle in die (Un-)Gleichung: Sie erhalten **mehrere (Un-)Gleichungen,** die Sie **getrennt lösen.**
3. Die **Gesamtlösungsmenge** erhalten Sie als Vereinigung der Lösungsmengen der einzelnen Teilgleichungen.

Aufgaben

1. $|3x| = 9$
2. $|2x| = x+1$
3. $x + |2x| < 3$
4. $|2x| > 7-x$
5. $|x-3| < 2$
6. $|3-x| \leq 2$
7. $|1-x| \geq 5$
8. $|2-4x| \neq 6$
9. $|x-1| \leq \frac{3}{2} - \frac{x}{2}$
10. $1 - |x-1| \geq x$

11. $\left|\frac{1}{2}x+1\right|>2x$

12. $1-\frac{1}{2}|x+1|<0$

13. $|2(x-1)-3x|<2x+3$

14. $|4(3-2x)-5(2-2x)|=x+2$

15. $3(x-2|1-x|+2)>4x$

16. $3[x+|2(x+2)-3(1+x)|-1]=2$

2.5 (Un-)Gleichungen mit mehreren Beträgen

Zum Abschluß wollen wir noch einige etwas schwierigere Aufgaben behandeln, die **mehrere Beträge** enthalten; dazu ein **Musterbeispiel:**

$|x+1|-|2x-4|<-9$

Sie verfahren genau wie bei den vorigen Aufgaben, nur haben Sie nun **2 Fallunterscheidungen gleichzeitig** zu treffen:

$$|x+1|=\begin{cases} x+1 & \text{für } x\geqslant -1 \\ -x-1 & \text{für } x<-1 \end{cases}$$

$$|2x-4|=\begin{cases} 2x-4 & \text{für } x\geqslant 2 \\ -2x+4 & \text{für } x<2 \end{cases}$$

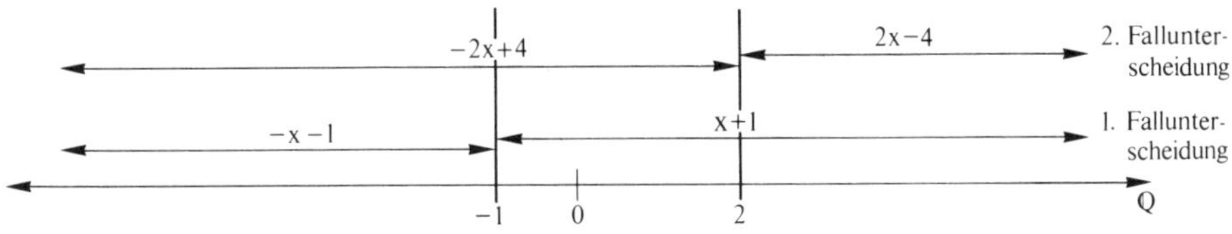

Die beiden Beträge wechseln bei $x=-1$ bzw. $x=2$ ihre Vorzeichen; man muß daher folgende **Bereiche** einzeln betrachten:

$\underline{\underline{\{x<-1\}_{\mathbb{Q}}}}$ $\quad$ $\underline{\underline{\{-1\leqslant x<2\}_{\mathbb{Q}}}}$ $\quad$ $\underline{\underline{\{x\geqslant 2\}_{\mathbb{Q}}}}$

(Innerhalb der einzelnen Bereiche ändern sich die Vorzeichen der Beträge nicht!)

Damit erhält man **3 Ungleichungen:**

$$\begin{cases} (-x-1)-(-2x+4)<-9 & \text{für } x<-1 \\ (x+1)-(-2x+4)<-9 & \text{für } -1\leqslant x<2 \\ (x+1)-(2x-4) \quad <-9 & \text{für } x\geqslant 2 \end{cases}$$

Ab hier lösen Sie die Aufgabe wie bisher

$$\begin{cases} -x-1+2x-4<-9 & \text{für } x<-1 \\ x+1+2x-4<-9 & \text{für } -1\leqslant x<2 \\ x+1-2x+4<-9 & \text{für } x\geqslant 2 \end{cases}$$

$$\begin{cases} x-5<-9 & \text{für } x<-1 \\ 3x-3<-9 & \text{für } -1\leqslant x<2 \\ -x+5<-9 & \text{für } x\geqslant 2 \end{cases}$$

$$\begin{cases} x<-4 & \text{für } x<-1 \\ x<-2 & \text{für } -1\leqslant x<2 \\ x>14 & \text{für } x\geqslant 2 \end{cases} \qquad \begin{aligned} \mathbb{L}_1 &= \{x<-4\}_{\mathbb{Q}} \\ \mathbb{L}_2 &= \emptyset \\ \mathbb{L}_3 &= \{x>14\}_{\mathbb{Q}} \end{aligned}$$

$\mathbb{L}=\mathbb{L}_1 \cup \mathbb{L}_2 \cup \mathbb{L}_3$:

$\underline{\underline{\mathbb{L}=\{x<-4\}_{\mathbb{Q}} \cup \{x>14\}_{\mathbb{Q}}}}$ bzw. $\underline{\underline{\mathbb{L}=\mathbb{Q}\setminus\{-4\leqslant x\leqslant 14\}_{\mathbb{Q}}}}$

Aufgaben

1. $|x-3|+|x+3|\leqslant x+4$
2. $|2x-4|-|x-2|\geqslant 0$
3. $|2x-1|=\left|\frac{1}{2}x-1\right|$
4. $|2x-3|-|2-3x|>1-2x$

3 Binomische Formeln

3.1 Multiplikation von Summen

a) Vor den Bruchgleichungen müssen wir noch etwas zum Distributivgesetz (1.4.c) nachtragen. Das Distributivgesetz sagt, wie man eine Zahl mit einer Klammer zu multiplizieren hat:

$$a(c+d)=ac+ad$$

Was passiert aber, wenn a keine Zahl, sondern wie $(c+d)$ eine Summe ist?

$$\begin{aligned}(a+b)(c+d) &= e(c+d) \qquad \text{(Setze } a+b:=e\text{)}\\ &= ec+ed\\ &= (a+b)c+(a+b)d\\ &= ac+bc+ad+bd\end{aligned}$$

Also:

> Man **multipliziert zwei Summen,** indem man jeden Summanden der ersten Klammer mit jedem Summanden der zweiten Klammer (unter Beachtung der Vorzeichen) multipliziert und die entstehenden Glieder addiert:
>
> $$(a+b)(c+d)=ac+bc+ad+bd$$

b) Musterbeispiele und Hinweise:

① $$\begin{aligned}(x+2)(x+1) &= x^2+2x+x+2 \qquad \text{(Zusammenfassen)}\\ &= x^2+3x+2\end{aligned}$$

② $$\begin{aligned}(x+2)(x-1) &= x^2+2x-x-2 \qquad \text{(Vorzeichen!)}\\ &= x^2+x-2\end{aligned}$$

③ $$\begin{aligned}(2-x)(x-1) &= 2x-x^2-2+x \qquad \text{(Vorzeichen!)}\\ &= -x^2+3x-2\end{aligned}$$

④ Die Regel aus a) gilt ebenso für Summen mit mehr als 2 Summanden:

$$\begin{aligned}(a-b)(a^2+ab+b^2) &= a^3+a^2b+ab^2-a^2b-ab^2-b^3\\ &= a^3-b^3\end{aligned}$$

⑤ Hat man mehr als 2 Klammern, faßt man die Klammern paarweise zusammen und wendet die obige Regel mehrfach an:

$$\begin{aligned}(x-2)(x-1)(5-2x) &= [(x-2)(x-1)](5-2x) \quad \text{(Eckige Klammer stehen lassen!)}\\ &= [x^2-2x-x+2](5-2x) \quad \text{(Vereinfachen)}\\ &= [x^2-3x+2](5-2x)\\ &= 5x^2-15x+10-2x^3+6x^2-4x\\ &= -2x^3+11x^2-19x+10\end{aligned}$$

⑥ Achten Sie darauf, daß alle Klammern **Summen** enthalten; andernfalls ist die Regel aus a) nicht anwendbar:

$$\begin{aligned}(2\cdot x)(x+4) &= 2x(x+4) \quad \text{(Distributivgesetz (1.4.c))}\\ &= 2x^2+8x\end{aligned}$$

c) Solche Klammerterme können natürlich auch in (Un-)Gleichungen auftauchen. **Musterbeispiele:**

①
$$\begin{aligned}(x-1)(3-2x)-(2x-1)(3-x) &< 4\\ (3x-3-2x^2+2x)-(6x-3-2x^2+x) &< 4 \quad \text{(Klammern stehen lassen!)}\\ (-2x^2+5x-3)-(-2x^2+7x-3) &< 4\\ -2x^2+5x-3+2x^2-7x+3 &< 4\\ -2x &< 4 \quad |:(-2) \quad (1.5.c)\\ x &> -2\\ \mathbb{L} &= \{x>-2\}_{\mathbb{Q}}\end{aligned}$$

② Wenn Sie bei einem rechteckigen Grundstück die Seiten um 3 m und 7 m verkleinern, erhalten Sie ein quadratisches Grundstück, dessen Fläche um 271 m^2 kleiner ist. Wie groß ist das ursprüngliche Grundstück?

Neues Grundstück: Seitenlänge x mit Flächeninhalt x^2

Altes Grundstück: Seitenlängen $(x+3)$ und $(x+7)$ mit Flächeninhalt $(x+3)(x+7)$ (Siehe (1.6))

$$\begin{aligned}(x+3)(x+7) &= x^2+271\\ x^2+3x+7x+21 &= x^2+271 \quad |-x^2\\ 10x+21 &= 271 \quad |-21\\ 10x &= 250 \quad |:10\\ x &= 25\end{aligned}$$

(Seitenlängen des rechteckigen Grundstücks: 28 m und 32 m)
Das ursprüngliche Grundstück war 896 m^2 groß.

Aufgaben

1. Berechnen Sie:

a) $(x-3)(x+2)$ b) $(3-x)(2+x)$

c) $(x-a)(x+a)$ d) $(a+b)(a+b)$

e) $(a+b)(a^2-ab+b^2)$ f) $(x-1)(x^2+1)(x+1)$

2. Bestimmen Sie die Lösungsmengen in $G=\mathbb{Q}$:

a) $(x+1)(x-7)=(5-x)(3-x)$

b) $(2x-3)(10x+7)-(4x-5)(5x+6)\neq 4$

c) $(3x-7)(x+2)-(3\cdot x)(2+x)>0$

d) $\frac{1}{2}(3x-2)\left(\frac{1}{2}x+1\right)+3\left(\frac{1}{3}-\frac{x}{2}\right)\left(1+\frac{x}{2}\right)>0$

3. Zwei Zahlen unterscheiden sich um 7; ihr Produkt bleibt gleich, wenn man die eine Zahl um 3 verkleinert und die andere um 4 vergrößert. Wie heißen die beiden Zahlen?

3.2 Binomische Formeln

a) Ein wichtiger Spezialfall der Regel für die Multiplikation von Summen (3.1.a) ergibt sich, wenn die Summenterme in den beiden Klammern gleich sind bzw. sich nur durch Vorzeichen unterscheiden. Im einfachsten Fall sind dies

$(a+b)(a+b)=(a+b)^2=$ ______________________

$(a-b)(a-b)=(a-b)^2=$ ______________________

$(a+b)(a-b)=$ ______________________

Diese drei Formeln nennt man auch **Binomische Formeln.**

b) Musterbeispiele und Hinweise:

① Vergessen Sie in den ersten beiden Formeln das Mittelglied $+2ab$ bzw. $-2ab$ nicht (ein häufiger Fehler!).

② $(2x+3c)^2=(2x)^2+2\cdot 2x\cdot 3c+(3c)^2$ (Klammern!)

$=4x^2+12cx+9c^2$

③ $[(2x^3-3)(2x^3+3)]^2 = [4x^6-9]^2 \qquad ((x^3)^2 = x^6!!)$

$$= 16x^{12} - 72x^6 + 81$$

④ **Achtung:** Der Klammerterm in $(2x \cdot 3a)^2$ ist **keine Summe**, daher kann man die binomischen Formeln **nicht** anwenden:

$$\begin{aligned} (2x \cdot 3a)^2 &= 2^2 \cdot x^2 \cdot 3^2 \cdot a^2 \\ &= 4x^2 \cdot 9a^2 \\ &= 36a^2x^2 \end{aligned}$$

⑤ Diese binomischen Formeln können natürlich auch in (Un-)Gleichungen auftauchen:

$$\begin{aligned} 3(2x-7a)^2 - 4(x+2a)(x-2a) &= 2(3a+2x)^2 \\ 3(4x^2-28ax+49a^2) - 4(x^2-4a^2) &= 2(9a^2+12ax+4x^2) \\ 12x^2 - 84ax + 147a^2 - 4x^2 + 16a^2 &= 18a^2 + 24ax + 8x^2 \\ 8x^2 - 84ax + 163a^2 &= 18a^2 + 24ax + 8x^2 \quad |-8x^2 \\ -84ax + 163a^2 &= 18a^2 + 24ax \quad |+84ax \\ 163a^2 &= 18a^2 + 108ax \quad |-18a^2 \\ 145a^2 &= 108ax \quad |:a \ \textbf{(falls } a \neq 0 \textbf{ ist)} \\ 145a &= 108x \quad |:108 \\ \frac{145a}{108} &= x \\ \frac{145}{108}a &= x \end{aligned}$$

In der viertletzten Zeile haben wir $a \neq 0$ vorausgesetzt (sonst hätten wir nicht durch a dividieren dürfen!/(1.5.b)); wir müssen nun noch untersuchen, was geschieht, falls $a = 0$ ist. Zu diesem Zweck machen wir die Kontrolle für $a = 0$; die erste Zeile lautet dann:

$$\begin{aligned} 3(2x)^2 - 4x^2 &= 2(2x)^2 \\ 12x^2 - 4x^2 &= 8x^2 \\ 8x^2 &= 8x^2 \quad |-8x^2 \\ 0 &= 0 \end{aligned}$$

d.h. in diesem Fall erhält man die Lösungsmenge $\mathbb{Q}$. (1.1.d)
Also lautet die komplette Lösung:

$a \neq 0: \qquad \mathbb{L} = \left\{\frac{145}{108}a\right\}$

$a = 0: \qquad \mathbb{L} = \mathbb{Q}$

c) Häufig werden die binomischen Formeln auch in der anderen Richtung verwendet, um eine Summe in ein Produkt zu verwandeln:

① $-x^2+4x-4 = -(x^2-4x+4)$ $\quad$ ((−1) ausklammern)
$\quad = -(x-2)^2$

② $162-32x^4 = 2(81-16x^4)$
$\quad = 2(9-4x^2)(9+4x^2)$
$\quad = 2(3+2x)(3-2x)(9+4x^2)$

③ $x^2(x-1+2a)-a(2x-ax+a) = x^3-x^2+2ax^2-2ax+a^2x-a^2$
$\quad = x^2(x-1)+2ax(x-1)+a^2(x-1)$
$\quad = (x-1)(x^2+2ax+a^2)$
$\quad = (x-1)(x+a)^2$

④ Achten Sie bei der Verwandlung einer Summe in ein Produkt auf das Mittelglied und die Vorzeichen!
Nicht nach den binomischen Formeln auflösbar sind z. B.

x^2+5x+4 $\quad$ (Für $x=a$, $2=b$ ist $2ab \neq 5$!)
x^2+4x-4 $\quad$ (Minuszeichen!)
a^2+9 $\quad$ (3. bin. Formel: Pluszeichen bzw. 1. bin. Formel: Mittelglied!)

Aufgaben

1. Multiplizieren Sie aus:
   a) $(3x+7a)^2(3x-7a)^2$ $\quad$ b) $[(3x+7a)(3x-7a)]^2$
   c) $(8x^2-3bx)(8x-3bx^2)$ $\quad$ d) $(a-b)^2-(b-a)^2$
   e) $(a-2)^2-(a+2)(a-2)+(a+2)^2$ $\quad$ f) $(x+y+a)(x+y-a)$
   g) $(a+b+c)(a-b-c)$ $\quad$ h) $[(a+2)+(b+3)][(a+2)-(b+3)]$

2. Wandeln Sie in ein Produkt um:
   a) $4x^2+12xy+9y^2$ $\quad$ b) $4a^3-12a^2b+9ab^2$
   c) $4a^4+12a^3b-9a^2b^2$ $\quad$ d) $-25a^4b^3+40a^3b^4-16a^2b^5$
   e) x^4-16 $\quad$ f) $a(b+c)+b+c$
   g) a^6-b^6 $\quad$ h) a^6+b^6

3. Bestimmen Sie die Lösungsmengen in $G=\mathbb{Q}$:
   a) $(x-2)^2-(2-x)^2 \leq 3-x$
   b) $2x(x-7)-2(5-x)^2 \neq 10$
   c) $(3\cdot x)(2x+5)^2-12(x+2)^3+3(2x-1)^2 < 39-48x$
   d) $[(x-1)(x+1)]^2-6x(x-1) \leq (x+2)^2(x-2)^2$
   e) $(x+1)(x+2)(x+3) < (x-1)(x-2)(x-3)+12(x-1)(x+1)$

4 Bruch(un-)gleichungen

4.1 Definitionsbereich

a) Der einfachste Fall einer (Un-)Gleichung mit Brüchen ist eine (Un-)-Gleichung, die Bruchzahlen enthält; **Beispiel:**

$$\frac{1}{3}\left(x-\frac{a}{2}\right)^2 \leq \frac{1}{2}(x+a)^2-\frac{1}{6}x^2 \qquad \text{(bin. Formeln)}$$

$$\frac{1}{3}\left(x^2-ax+\frac{a^2}{4}\right) \leq \frac{1}{2}(x^2+2ax+a^2)-\frac{1}{6}x^2$$

$$\frac{1}{3}x^2-\frac{1}{3}ax+\frac{1}{12}a^2 \leq \frac{1}{2}x^2+ax+\frac{1}{2}a^2-\frac{1}{6}x^2 \quad \Big| -\frac{1}{3}x^2$$

$$-\frac{1}{3}ax+\frac{1}{12}a^2 \leq ax+\frac{1}{2}a^2 \quad \Big| \cdot 12 \qquad \text{(Multiplikation mit dem Hauptnenner)}$$

$$-4ax+a^2 \leq 12ax+6a^2$$

$$-5a^2 \leq 16ax \quad \Big| :a$$

Bei der Division durch a tauchen nun 3 verschiedene Fälle auf [siehe (1.5.b) und (1.5.c)!]:

$a>0$ ($\leq$ bleibt!)	oder	$a<0$ ($\leq$ wird zu $\geq$!)	oder	$a=0$
$-5a \leq 16x \quad \Big| :16$		$-5a \geq 16x$		Division durch 0 ist nicht definiert;
$-\frac{5}{16}a \leq x$		$-\frac{5}{16}a \geq x$		Kontrolle in der 1. Zeile:
				$\frac{1}{3}x^2 \leq \frac{1}{2}x^2-\frac{1}{6}x^2$
				$0 \leq 0$ (w) (1.1.d)

Die komplette Lösung lautet also:

$$a>0: \mathbb{L} = \{x \geq -\tfrac{5}{16}a\}_{\mathbb{Q}}$$

$$a<0: \mathbb{L} = \{x \leq -\tfrac{5}{16}a\}_{\mathbb{Q}}$$

$$a=0: \mathbb{L} = \mathbb{Q}$$

Die obige Form einer (Un-)Gleichung bezeichnet man **nicht** als Bruch(un-)gleichung; durch Multiplikation mit dem Hauptnenner (4. Zeile) erhält man nämlich eine ganzzahlige (Un-)Gleichung, die man wie bisher lösen kann. Von einer **Bruch(un-)gleichung** spricht man erst, wenn die **Lösungsvariable** auch **im Nenner** vorkommt.

Beispiele: $\frac{1}{x-2}+\frac{1}{x+2}=\frac{4}{x^2-4}$

$\frac{1}{x}>1$

b) Die Variable im Nenner eines Bruchterms erzeugt ein Problem, das bisher noch nicht aufgetreten ist: Der Nenner kann für gewisse x-Werte 0 werden, womit der Bruchterm nicht mehr definiert ist.

Beispiele:

① $\frac{1}{x-2}$ ist nicht definiert für $x=2$

② $\frac{4}{x^2-4}=\frac{4}{(x+2)(x-2)}$ ist nicht definiert für $x=-2$ oder $x=2$

③ $\frac{2x+5}{2x-3}$ ist nicht definiert für $x=\frac{3}{2}$

(**Achtung: Der Zähler darf 0 werden:** Für $x=-\frac{5}{2}$ erhält man $\frac{0}{-8}=0$, der Bruchterm ist also definiert!)

④ $\frac{(x-1)(x-2)}{x^2-4}=\frac{(x-1)(x-2)}{(x+2)(x-2)}$ ist nicht definiert für $x=-2$ oder $x=2$

[Für $x=2$ erhält man den unbestimmten Ausdruck $\frac{0}{0}$ / Nicht kürzen! (siehe (4.2.b)]

Man faßt nun, um den Überblick in der Rechnung zu erleichtern, alle x-Werte, für die der Bruchterm definiert ist, zum **Definitionsbereich $\mathbb{D}$** zusammen. In unseren Beispielen ist dies

① $\mathbb{D}=\mathbb{Q}\setminus\{2\}$ (Nehmen Sie aus $\mathbb{Q}$ einfach alle Definitionslücken heraus).

② $\mathbb{D}=\mathbb{Q}\setminus\{-2, 2\}$

③ $\mathbb{D}=\mathbb{Q}\setminus\{\frac{3}{2}\}$

④ $\mathbb{D}=\mathbb{Q}\setminus\{-2, 2\}$

Aufgabe: Bestimmen Sie den Definitionsbereich der Terme

a) $\frac{7x}{x+3}$ b) $\frac{x-2}{x^2-1}$ c) $\frac{x^2+2}{x^2-4x+4}$

d) $\frac{x+3}{x^2-9}$ e) $\frac{x}{2x+3}$ f) $\frac{7x}{x+a}$

g) $\frac{a-x}{x^4-a^4}$ h) $\frac{2x+3a}{2ax-3a^2}$ i) $\frac{5}{(x-2a)^2-(2a-x)^2}$

4.2 Rechenregeln für Bruchterme

Jede Einsetzung eines x-Wertes aus dem Definitionsbereich in den Bruchterm liefert also eine (eindeutig definierte) Zahl; **im Definitionsbereich $\mathbb{D}$** kann man daher Bruchterme genauso wie Bruchzahlen behandeln, es gelten dieselben Regeln:

a) Addition/Subtraktion von Bruchtermen

Vorbild: $\frac{3}{4}-\frac{5}{3}+\frac{13}{6}-2=$

$\frac{9}{12}-\frac{20}{12}+\frac{26}{12}-\frac{24}{12}=$

Erweitern aller Brüche auf den **Hauptnenner** (= kleinstes gemeinsames Vielfaches der Einzelnenner)

$\frac{9-20+26-24}{12}=$

$\frac{-9}{12}=-\frac{3}{4}$

Zähler addieren/subtrahieren

$\frac{5-x}{x-2}-\frac{x+3}{x^2-4}+\frac{2-x}{1-x}=$

$\frac{5-x}{x-2}-\frac{x+3}{(x+2)(x-2)}+\frac{2-x}{1-x}=$

Vergessen Sie nicht, den Definitionsbereich des **gesamten Terms** zu bestimmen: **kein Nenner** darf 0 werden! Also: $\mathbb{D}=\mathbb{Q}\setminus\{-2, 1, 2\}$

[Gemeinsamer Nenner: $(x+2)(x-2)(1-x)$]

$\frac{(5-x)(x+2)(1-x)}{(x+2)(x-2)(1-x)}-\frac{(x+3)(1-x)}{(x+2)(x-2)(1-x)}+\frac{(2-x)(x+2)(x-2)}{(x+2)(x-2)(1-x)}=$

Erweitern auf gem. Nenner

$$\frac{[(5-x)(-x^2-x+2)]-[-x^2-2x+3]+[(2-x)(x^2-4)]}{(x+2)(x-2)(1-x)}=$$

$$\frac{[-5x^2+x^3-5x+x^2+10-2x]+x^2+2x-3+[2x^2-x^3-8+4x]}{(x+2)(x-2)(1-x)}=$$

(Klammern!) Zähler addieren/subtrahieren

$$\frac{x^3-4x^2-7x+10+x^2+2x-3+2x^2-x^3-8+4x}{(x+2)(x-2)(1-x)}=$$

$$\frac{-x^2-x-1}{(x+2)(x-2)(1-x)}=$$

$$-\frac{x^2+x+1}{(x^2-4)(1-x)}$$

Denken Sie daran: Wie bei Bruchzahlen kann man nur **gleichnamige** Bruchterme addieren bzw. subtrahieren; Sie müssen also zunächst den gemeinsamen Nenner (= kgV der Einzelnenner) bilden.

b) Multiplikation/Division von Bruchtermen

Vorbild: $\left(\frac{5}{11}\cdot\frac{5}{7}\right):\frac{35}{22}=$ $\left(\frac{\text{Zähler}\cdot\text{Zähler}}{\text{Nenner}\cdot\text{Nenner}}\right)$

$\frac{5\cdot 5}{11\cdot 7}:\frac{35}{22}=$ (mit dem Kehrbruch multiplizieren!)

$\frac{5\cdot 5\cdot 22}{11\cdot 7\cdot 35}=$ Kürzen

$\frac{10}{49}$

$\left(\frac{2x+6}{x^2-4}\cdot\frac{x+2}{x}\right):\frac{x+3}{2-x}=$

$\frac{(2x+6)(x+2)}{(x^2-4)x}:\frac{x+3}{2-x}=$

$\mathbb{D}$: $x^2-4\neq 0$, $x\neq 0$, $2-x\neq 0$, $\underline{\underline{x+3\neq 0}}$ (kommt bei der Divisionsausführung in den Nenner!) Also: $\mathbb{D}=\mathbb{Q}\setminus\{-3, -2, 0, 2\}$

$\frac{2(x+3)(x+2)(2-x)}{(x+2)(x-2)\,x(x+3)}=$

Kürzen (Sie dürfen nur durch einen Term kürzen, der **ungleich 0** ist; in $\mathbb{D}$ ist dies erfüllt!)

$\frac{2(2-x)}{(x-2)x}=$ (-1) ausklammern

$\frac{2(-1)(x-2)}{(x-2)x}=$ Kürzen

$-\frac{2}{x}$

Im Definitionsbereich gelten die üblichen Bruchrechenregeln auch für Bruchterme.

Aufgaben

Bestimmen Sie den Definitionsbereich und vereinfachen Sie soweit wie möglich:

1. $\frac{2x}{2x+2} - \frac{3x}{3x+3} + \frac{5x}{5x+5}$

2. $1 + \frac{1-x}{x^2-1} - \frac{x}{x+1}$

3. $\frac{1}{x-b} - \frac{x-b}{x^2+xb+b^2} - \frac{2xb}{x^3-b^3}$

4. $\left(\frac{2-x}{1+x} \cdot \frac{x-1}{x+2}\right) : \frac{x-2}{x+2}$

5. $\left(\frac{27x^2-12}{3x^2-75} : \frac{8-12x}{x+5}\right) : \frac{2+3x}{20-4x}$

6. $\frac{1+\frac{1}{x}}{1-\frac{1}{x}}$

7. $\left(1-\frac{a}{x}\right) : \left(\frac{x}{a}-1\right)$

8. $\left(\frac{1}{x^2-b^2} + \frac{x+b}{b^3-x^3}\right) : \frac{b}{x^2+bx+b^2}$

4.3 Bruchgleichungen I

Wir können nun mit **einfachen Bruchgleichungen** beginnen.

Musterbeispiele:

① $\frac{1}{x-2} + \frac{1}{x+2} = \frac{4}{x^2-4}$

$\frac{1}{x-2} + \frac{1}{x+2} = \frac{4}{(x+2)(x-2)}$

$\mathbb{D} = \mathbb{Q} \setminus \{-2, 2\}$

[Definitionsbereich der **gesamten** Gleichung bestimmen]

GN: $(x+2)(x-2)$

[Erweitern auf gem. Nenner]

$\frac{1(x+2)}{(x+2)(x-2)} + \frac{1(x-2)}{(x+2)(x-2)} = \frac{4}{(x+2)(x-2)} \quad | \cdot (x+2)(x-2)$

$(x+2) + (x-2) = 4$

[Multiplikation mit gem. Nenner]

$2x = 4$

$x = 2$

[Lösen der Gleichung]

Aber $2 \notin \mathbb{D}$, daher $\underline{\underline{\mathbb{L} = \emptyset}}$

(Für $x = 2$ wird der Hauptnenner 0/1.5.c)!)

[Probe, ob die Lösungen in $\mathbb{D}$ liegen]

② $$\frac{2x+5}{2x-3}+\frac{3-x}{x+1}=0 \qquad \mathbb{D}=\mathbb{Q}\setminus\left\{-1, \frac{3}{2}\right\}$$

$$\frac{(2x+5)(x+1)}{(2x-3)(x+1)}+\frac{(3-x)(2x-3)}{(x+1)(2x-3)}=0 \qquad |\cdot(x+1)(2x-3)$$

$$(2x+5)(x+1)+(3-x)(2x-3)=0$$

$$2x^2+5x+2x+5+6x-2x^2-9+3x=0$$

$$16x-4=0$$

$$x=\frac{1}{4}$$

$\frac{1}{4}\in\mathbb{D}$: $\underline{\underline{\mathbb{L}=\left\{\frac{1}{4}\right\}}}$

③ $$\frac{x}{x+3}-\frac{1-x}{3-x}=\frac{3-5x}{x^2-9} \qquad \mathbb{D}=\mathbb{Q}\setminus\{-3, 3\}$$

$$\frac{x}{x+3}-\frac{1-x}{-(x-3)}=\frac{3-5x}{(x+3)(x-3)} \qquad \text{(1.3.b) ②)}$$

$$\frac{x}{x+3}+\frac{1-x}{x-3}=\frac{3-5x}{(x+3)(x-3)} \qquad \text{GN: } (x+3)(x-3)$$

$$\frac{x(x-3)}{(x+3)(x-3)}+\frac{(1-x)(x+3)}{(x+3)(x-3)}=\frac{3-5x}{(x+3)(x-3)} \qquad |\cdot(x+3)(x-3)$$

$$x(x-3)+(1-x)(x+3)=3-5x$$

$$x^2-3x+x-x^2+3-3x=3-5x$$

$$-5x+3=3-5x$$

$$0=0$$

Alle zulässigen x-Werte (d.h. der gesamte Definitionsbereich) sind also Lösungen:

$$\underline{\underline{\mathbb{L}=\mathbb{D}=\mathbb{Q}\setminus\{-3, 3\}}}$$

Aufgaben

Bestimmen Sie die Lösungsmengen folgender Gleichungen:

1. $\frac{12}{x}-3=\frac{3}{x}$

2. $\frac{7}{3x}-\frac{5}{2x}+\frac{1}{x}=0$

3. $\frac{4}{3x+5}=2$

4. $\frac{5x-15}{2x-6}=\frac{15x-45}{6x-18}$

5. $\frac{x-1}{2-x}-\frac{x-2}{3-x}=0$

6. $\frac{2-x}{2x+3}+\frac{3-x}{3-2x}=\frac{4x-15}{4x^2-9}$

7. $\frac{1}{(x^2-1)^2}=\frac{1}{(x-1)^2}-\frac{1}{(x+1)^2}$

8. $\frac{25}{3x^2-12}-\frac{5-6x}{60-30x}=\frac{6-2x}{20+10x}$

4.4 Bruchgleichungen mit Formvariablen

Mit **Formvariablen** wird das Ganze etwas komplizierter, weil eventuell Zusatzbedingungen für die Formvariablen hinzukommen und damit Fallunterscheidungen in der Lösungsmenge notwendig werden können.

Musterbeispiel:

$$\frac{x}{x-2a}-\frac{a-1}{a}=\frac{3-3a-x^2}{2a^2x-ax^2}$$

$$\frac{x}{x-2a}-\frac{a-1}{a}=\frac{3-3a-x^2}{ax(2a-x)} \qquad \mathbb{D}=\mathbb{Q}\setminus\{0,\,2a\} \;\; \text{zus.: } a\neq 0$$

(D bezieht sich **nur** auf x-Werte)

$$\frac{x}{x-2a}-\frac{a-1}{a}=\frac{3-3a-x^2}{ax(-1)(x-2a)}$$

(1.3.b) ②)

$$\frac{x\cdot ax}{(x-2a)ax}-\frac{(a-1)(x-2a)x}{a\cdot(x-2a)x}=\frac{(-1)(3-3a-x^2)}{ax(x-2a)} \quad |\cdot ax(x-2a)$$

$$ax^2-[(ax-x)(x-2a)]=x^2+3a-3 \qquad \text{(Klammern!)}$$

$$ax^2-[ax^2-x^2-2a^2x+2ax]=x^2+3a-3$$

$$ax^2-ax^2+x^2+2a^2x-2ax=x^2+3a-3 \quad |-x^2$$

$$2a^2x-2ax=3a-3$$

$$2ax(a-1)=3(a-1) \quad |:\underline{\underline{(a-1)\neq 0}}$$

$$2ax=3 \quad |:\underline{\underline{2a\neq 0}}$$

$$x=\frac{3}{2a}$$

$\frac{3}{2a}\in\mathbb{D}$:

a) $\frac{3}{2a}\neq 0$: immer erfüllt!

b) $\frac{3}{2a}\neq 2a \Leftrightarrow 4a^2\neq 3$

$\underline{\underline{a^2\neq\frac{3}{4}}}$

Noch zu prüfen sind die Fälle, in denen die Zusatzvoraussetzungen für die Formvariable nicht zutreffen; das sind:

1. $a=0$: nicht möglich (der 2. und 3. Bruch wären nicht definiert!)

2. $a \underset{?}{=} 1$: (die Division in der drittletzten Zeile ist nur für $a \neq 1$ möglich!) Machen Sie die Kontrolle in einer der Zeilen **vor** der Division (am einfachsten in der drittletzten Zeile selbst:

$$2x \cdot 0 = 3 \cdot 0$$
$$0 = 0$$

Die vollständige Lösung lautet daher:

$a=0$: $\mathbb{L}=\emptyset$, $\quad a^2=\frac{3}{4}$: $\mathbb{L}=\emptyset$

$a=1$: $\mathbb{L}=\mathbb{D}=\mathbb{Q}\setminus\{0, 2\}$ (a = 1 in $\mathbb{D}$ einsetzen!)

sonst: $\mathbb{L}=\left\{\frac{3}{2a}\right\}$

Wir können die wichtigsten Schritte zu folgendem Schema zusammenfassen:

1. **Definitionsbereich** $\mathbb{D}$ der gesamten Gleichung bestimmen (Sie dürfen nur in $\mathbb{D}$ weiterrechnen!); eventuell sind **Einschränkungen für die Formvariablen** notwendig!
2. Alle Bruchterme auf den **gem. Nenner** erweitern und die Gleichung mit dem gem. Nenner multiplizieren (in $\mathbb{D}$ ist dies eine Äquivalenzumformung)
3. **Lösen** dieser neuen (nun bruchfreien) Gleichung
4. **Probe:**
   a) Welche Lösungen liegen in $\mathbb{D}$? (Nur sie sind tatsächlich auch Lösungen der ursprünglichen Bruchgleichung!)
   b) Wurden irgendwelche Zusatzvoraussetzungen während der Rechnung gemacht? Was passiert in diesen Fällen?

Aufgaben

1. $\frac{1}{x-a}=\frac{1}{a}$

2. $\frac{x-b}{x}=\frac{x}{x+b}$

3. $\frac{1}{x}=\frac{1}{a}+\frac{1}{b}$

4. $\frac{1}{a}=\frac{1}{x}+\frac{1}{b}$

5. $\frac{x+b}{x-b}-\frac{x-b}{x+b}=\frac{4x+4}{x^2-b^2}$

6. $\frac{b+x}{b-x}+\frac{b-x}{b+x}=-2$

4.5 Bruchungleichungen I

Als nächstes folgen **einfache Bruchungleichungen.**

Musterbeispiele:

① $\frac{1}{x}>1 \quad |\cdot x \qquad \mathbb{D}=\mathbb{Q}\setminus\{0\}$

Bei der Multiplikation mit dem Hauptnenner gibt es zwei Möglichkeiten:

$x>0$ (dann bleibt das Ungleichheitszeichen bei der Multiplikation)	oder	$x<0$ (das Ungleichheitszeichen kehrt sich bei der Multiplikation um) (1.5.c)
	Die Ungleichung lautet dann:	
$1>x$		$1<x$
$\mathbb{L}_1=\{0<x<1\}_{\mathbb{Q}}$		$\mathbb{L}_2=\emptyset$

Gesamtlösungsmenge $\mathbb{L}=\{0<x<1\}_{\mathbb{Q}}$

② $\frac{6(x^2-1)}{2x+3}\geqq 3x \quad |\cdot(2x+3) \qquad \mathbb{D}=\mathbb{Q}\setminus\{-\frac{3}{2}\}$

$2x+3>0 \Leftrightarrow x>-\frac{3}{2}$:	oder	$2x+3<0 \Leftrightarrow x<-\frac{3}{2}$:
$6(x^2-1)\geqq 3x(2x+3)$		$6(x^2-1)\leqq 3x(2x+3)$
$6x^2-6\geqq 6x^2+9x \quad \vert -6x^2$		$6x^2-6\leqq 6x^2+9x \quad \vert -6x^2$
$-6\geqq 9x \quad \vert :9$		$-6\leqq 9x \quad \vert :9$
$-\frac{2}{3}\geqq x$		$-\frac{2}{3}\leqq x$
$\mathbb{L}_1=\{-\frac{3}{2}<x\leqq-\frac{2}{3}\}_{\mathbb{Q}}$		$\mathbb{L}_2=\emptyset$

$\mathbb{L}=\{-\frac{3}{2}<x\leqq-\frac{2}{3}\}_{\mathbb{Q}}$

Sie behandeln die **Bruchungleichungen** also genauso wie die Bruchgleichungen; Sie müssen nur die **Fallunterscheidung** bei der Multiplikation mit dem gemeinsamen Nenner beachten:

Gem. Nenner>0: Ungleichheitszeichen bleibt
Gem. Nenner<0: Ungleichheitszeichen kehrt sich um (1.5.c)

Aufgaben

1. $\frac{1}{x}<1$
2. $\frac{1}{x-1}\geqslant\frac{1}{2}$
3. $\frac{1}{x-1}<0$
4. $\frac{1}{4-x}<-1$
5. $\frac{x+1}{x}+1\neq 2$
6. $\frac{x-1}{x+1}\leqslant 1$
7. $\frac{1+x}{x}>2$
8. $\frac{2x^2+5}{x+5}\leqslant 2x$
9. $\frac{9-x^2}{3-x}>3+x$
10. $\frac{1-2x^2}{3-2x}<x+2$

4.6 Bruchungleichungen mit Beträgen

Bei den **Bruchungleichungen mit Beträgen** gibt es einen ganz einfachen Trick, wie man eine solche Ungleichung vereinfachen kann.

a) Musterbeispiel:

$$\left|\frac{1-x}{x}\right|>2 \qquad \mathbb{D}=\mathbb{Q}\setminus\{0\} \qquad \text{(Betrag teilen! (2.2.b))}$$

$$\frac{|1-x|}{|x|}>2 \quad \Big|\cdot|x|\neq 0$$

Nun multiplizieren Sie die gesamte Ungleichung mit $|x|$ und beachten, daß $|x|>0$ in $\mathbb{D}=\mathbb{Q}\setminus\{0\}$ ist (2.1.b); **das Ungleichheitszeichen bleibt daher für jedes $x\in\mathbb{D}$!** (Es gibt **keine** Fallunterscheidung!). Sie erhalten:

$$|1-x|>2|x|$$

Diese Ungleichung lösen Sie jetzt nach dem Vorbild von (2.5):

$$|1-x| = \begin{cases} 1-x & \text{für } x \leq 1 \\ -1+x & \text{für } x > 1 \end{cases} \qquad |x| = \begin{cases} x & \text{für } x > 0 \\ -x & \text{für } x < 0 \end{cases}$$

$(x \neq 0$, da $x = 0 \notin \mathbb{D}!!)$

$$\begin{cases} 1-x > 2(-x) & \text{für } x < 0 \\ 1-x > 2x & \text{für } 0 < x \leq 1 \\ -1+x > 2x & \text{für } x > 1 \end{cases}$$

$$\begin{cases} x > -1 & \text{für } x < 0 & \mathbb{L}_1 = \{-1 < x < 0\}_{\mathbb{Q}} \\ \frac{1}{3} > x & \text{für } 0 < x \leq 1 & \mathbb{L}_2 = \{0 < x < \frac{1}{3}\}_{\mathbb{Q}} \\ -1 > x & \text{für } x > 1 & \mathbb{L}_3 = \emptyset \end{cases}$$

$$\underline{\underline{\mathbb{L} = \{-1 < x < \tfrac{1}{3}\}_{\mathbb{Q}} \setminus \{0\}}}$$

(Eine **Gleichung** mit Betrag lösen Sie nach demselben Schema.)

b) Lösen einer Bruch(un-)gleichung mit absolutem Betrag:

1. Betrag teilen nach (2.2.b)
2. (Un-)Gleichung mit dem Betrag des Nenners multiplizieren (**keine** Fallunterscheidung!)
3. Die entstandene (bruchfreie) Betrags(un-)gleichung (mit mehreren Beträgen) lösen Sie wie in (2.5).

c) Musterbeispiel einer Doppelungleichung:

$$1 < \left|\frac{2x}{2-x}\right| < 2 \qquad \mathbb{D} = \mathbb{Q} \setminus \{2\}$$

Lösen Sie die Doppelungleichung auf in **2 Ungleichungen**, die **gleichzeitig** erfüllt werden müssen:

$1 < \left\|\frac{2x}{2-x}\right\|$	und	$\left\|\frac{2x}{2-x}\right\| < 2$
$1 < \frac{\|2x\|}{\|2-x\|} \quad \| \cdot \|2-x\| \neq 0$	Nun	$\frac{\|2x\|}{\|2-x\|} < 2 \quad \| \cdot \|2-x\| \neq 0$
$\|2-x\| < \|2x\|$	wie a)	$\|2x\| < 2\|2-x\|$

$$|2x| = \begin{cases} 2x & \text{für } x \geq 0 \\ -2x & \text{für } x < 0 \end{cases}$$

$$\begin{cases} 2-x < -2x & \text{für } x < 0 \\ 2-x < 2x & \text{für } 0 \leq x < 2 \\ -2+x < 2x & \text{für } x > 2 \end{cases}$$

$$\begin{cases} x < -2 & \text{für } x < 0 \\ \frac{2}{3} < x & \text{für } 0 \leq x < 2 \\ -2 < x & \text{für } x > 2 \end{cases}$$

$$\begin{cases} \mathbb{L}_1 = \{x < -2\}_{\mathbb{Q}} \\ \mathbb{L}_2 = \{\frac{2}{3} < x < 2\}_{\mathbb{Q}} \\ \mathbb{L}_3 = \{x > 2\}_{\mathbb{Q}} \end{cases}$$

$$\underline{\mathbb{L}^1 = \mathbb{Q} \setminus \{-2 \leq x \leq \tfrac{2}{3}\}_{\mathbb{Q}} \setminus \{2\}}$$

$$|2-x| = \begin{cases} 2-x & \text{für } x < 2 \\ -2+x & \text{für } x > 2 \end{cases}$$

($x \neq 2$, da $x = 2 \notin \mathbb{D}$!!)

$$\begin{cases} -2x < 2(2-x) & \text{für } x < 0 \\ 2x < 2(2-x) & \text{für } 0 \leq x < 2 \\ 2x < 2(-2+x) & \text{für } x > 2 \end{cases}$$

$$\begin{cases} 0 < 4 & \text{für } x < 0 \\ x < 1 & \text{für } 0 \leq x < 2 \\ 0 < -4 & \text{für } x > 2 \end{cases}$$

$$\begin{cases} \mathbb{L}_1 = \{x < 0\}_{\mathbb{Q}} \\ \mathbb{L}_2 = \{0 \leq x < 1\}_{\mathbb{Q}} \\ \mathbb{L}_3 = \emptyset \end{cases}$$

$$\underline{\mathbb{L}^2 = \{x < 1\}_{\mathbb{Q}}}$$

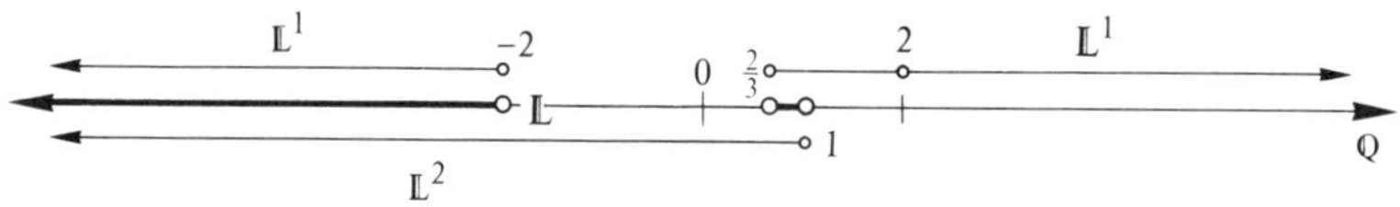

Alle x, die **gleichzeitig** beide Ungleichungen erfüllen, sind Lösungen der obigen Doppelungleichung. Also: $\mathbb{L} = \mathbb{L}^1 \cap \mathbb{L}^2$

$$\underline{\underline{\mathbb{L} = \{x < -2\}_{\mathbb{Q}} \cup \{\tfrac{2}{3} < x < 1\}_{\mathbb{Q}}}}$$

Aufgaben

1. $\left|\frac{1}{x}\right| < 1$

2. $\left|\frac{1}{x-1}\right| \geq \frac{1}{2}$

3. $\left|\frac{1}{x-1}\right| < 0$

4. $\left|\frac{x}{x+1}\right| < 1$

5. $\left|\frac{2x}{x+3}\right| = 1$

6. $\left|\frac{x+3}{2x}\right| \geq 1$

7. $1 < \left|\frac{x}{x+1}\right| < 3$

8. $\frac{1}{2} \leq \left|\frac{1-x}{x}\right| \leq 2$

5 Lineare Gleichungssysteme

5.1 Eine Gleichung mit zwei Unbekannten

In den bisherigen Kapiteln haben wir Aufgaben des Typs „Eine (Un-)Gleichung mit einer (linearen) Unbekannten“ (in verschiedenen Variationen) gelöst; wir wollen uns nun den Aufgabentyp **„Eine Gleichung mit 2 (linearen) Unbekannten“** näher ansehen.

Beispiel: $x-2y+3=0$

a) Wenn Sie versuchen, durch Probieren eine Lösung dieser Gleichung anzugeben, sehen Sie sofort, daß Sie **gleichzeitig 2 Zahlen** (ein **Zahlenpaar**) für x und y einsetzen müssen; beispielsweise ist die Gleichung erfüllt für

$x=-3,\ y=0$ oder kürzer notiert: $(x/y)=(-3/0)$
oder noch kürzer: $(-3/0)$

Machen Sie die Probe: $-3-2\cdot 0+3=0$
$0=0\,(w)$

Achtung: Sie dürfen die Zahlen nicht vertauschen: $(0/-3)$ ist **keine** Lösung, wie die Probe zeigt:

$$0-2(-3)+3=0$$
$$9=0\ (f)$$

b) $(-3/0)$ ist aber nicht die einzige Lösung, wie man schnell erkennt; so sind z. B. $(0/\frac{3}{2})$, $(1/2)$, $(-1/1)$, $(-\frac{14}{3}/-\frac{4}{3})$, $(3/3)$ ebenfalls Lösungen.

Aufgabe: Zeigen Sie mit Hilfe der Probe, daß die angegebenen Zahlenpaare tatsächlich Lösungen der obigen Gleichung sind, und versuchen Sie, weitere Lösungspaare zu finden.

c) Die Zahlen in einem Lösungspaar sind offensichtlich voneinander abhängig; gibt man eine Zahl des Paares vor, so ergibt sich die andere Zahl zwangsläufig.

Wenn z. B. $x=1$ gelten soll, so erhält man den richtigen y-Wert aufgrund folgender Rechnung:

$$\begin{aligned} 1-2y+3 &= 0 \qquad\qquad (x=1 \text{ eingesetzt!}) \\ -2y &= -4 \quad |:(-2) \\ y &= 2 \end{aligned}$$

Als einziges Paar mit dem x-Wert $x=1$ erfüllt also $(1/2)$ die Gleichung. Genauso könnte man auch den y-Wert vorwählen:

Beispiel: $y=\frac{8}{3}$: $\quad x-2\cdot\frac{8}{3}+3=0$

$$\begin{aligned} x &= \tfrac{16}{3}-3 \\ x &= \tfrac{7}{3} \qquad \text{Lösungspaar: } (\tfrac{7}{3}/\tfrac{8}{3}) \end{aligned}$$

Aufgabe: Welche Lösungspaare haben die x-Werte (y-Werte) $7/\frac{5}{2}/-2/-4$?

d) Die Rechnung in c) kann man auch allgemein durchführen: Gibt man ein ganz bestimmtes x vor, so ergibt sich für y:

$$\begin{aligned} x-2y+3 &= 0 \\ x+3 &= 2y \quad |:2 \\ \frac{x+3}{2} &= y \end{aligned}$$

Die Menge aller Lösungen der obigen Gleichung ist damit

$$\underline{\underline{\mathbb{L}_x = \left\{\left(x\Big/\frac{x+3}{2}\right)\right\}_{\mathbb{Q}}}}$$

(In dieser Darstellung sehen Sie, daß es **unendlich viele Lösungspaare** gibt – nämlich genauso viele, wie es Zahlen für x in $\mathbb{Q}$ gibt.)

Bei vorgewähltem y ergibt sich:

$$\begin{aligned} x-2y+3 &= 0 \\ x &= 2y-3 \end{aligned}$$

Die Menge aller Lösungen ist nun

$$\underline{\underline{\mathbb{L}_y = \{(2y-3/y)\}_{\mathbb{Q}}}}$$

(In ihrer Gesamtheit sind die beiden Lösungsmengen $\mathbb{L}_x$ und $\mathbb{L}_y$ natürlich identisch: $\mathbb{L}_x \equiv \mathbb{L}_y$; die verschiedenen Darstellungen hängen nur von der verschiedenen Vorwahl von x bzw. y ab!)

Die Beispiele in c) lassen sich damit viel schneller rechnen:

(1) $x=1$ in $\mathbb{L}_x$ eingesetzt: $(1/\frac{1+3}{2})=(1/2)$

(2) $y=\frac{8}{3}$ in $\mathbb{L}_y$ eingesetzt: $(2\cdot\frac{8}{3}-3/\frac{8}{3})=(\frac{7}{3}/\frac{8}{3})$

Aufgabe: Lösen Sie nochmals die Aufgaben in c), nun aber mit Hilfe der Mengen $\mathbb{L}_x$ und $\mathbb{L}_y$; vergleichen Sie die Ergebnisse.

e) Zusammenfassung:

Die Gleichung $ax+by+c=0$ besitzt **unendlich viele Lösungspaare**:

$$\mathbb{L}_x = \left\{\left(x\Big/\frac{-ax-c}{b}\right)\right\}_{\mathbb{Q}} \quad \text{bzw.} \quad \mathbb{L}_y = \left\{\left(\frac{-by-c}{a}\Big/y\right)\right\}_{\mathbb{Q}}$$

Ist eine Zahl eines Lösungspaares bekannt, so ergibt sich die andere Zahl dieses Lösungspaares zwangsläufig (einsetzen in $\mathbb{L}_x$ bzw. $\mathbb{L}_y$!)

Anmerkung: Faßt man die Lösungspaare als Punkte in einem zweidimensionalen Koordinatensystem auf, so ergibt die Lösungsmenge der Gleichung $ax+by+c=0$ eine **Gerade** in der Zeichenebene.

Aufgaben

Bestimmen Sie für die folgenden Gleichungen die Lösungsmenge in den verschiedenen Darstellungen $\mathbb{L}_x$ und $\mathbb{L}_y$; welche Lösungspaare haben jeweils die x-Werte 0/1 bzw. die y-Werte $0/-2$?

1. $2x-y+3=0$
2. $x-y=0$
3. $x+y=0$
4. $x+y-2=0$
5. $2x-3y-4=0$
6. $-5x+3y+7=0$
7. $y=3x+7$
8. $2x=6+6y$
9. $y+5=2x+3$
10. $\frac{y}{4}+\frac{1}{2}=\frac{x}{2}$

5.2 Zwei Gleichungen mit zwei Unbekannten

Gibt man nun nicht nur eine Gleichung, sondern **zwei Gleichungen mit zwei Unbekannten** vor, erhält man die einfachste Form eines **Gleichungssystems.**

Beispiel: $\begin{cases} 4x+3y-6=0 \\ 3x+2y-5=0 \end{cases}$

a) Gesucht sind nun alle Lösungspaare, die Lösungen der ersten **und** der zweiten Gleichung sind – also alle Lösungspaare, die beide Gleichungen **gleichzeitig** erfüllen.
Jede Gleichung für sich allein besitzt unendlich viele Lösungen (5.1.e):

Aufgabe: Berechnen Sie für jede Gleichung die Lösungsmenge in der Form $\mathbb{L}_x$ und $\mathbb{L}_y$.

Die richtigen Ergebnisse lauten:

$$4x+3y-6=0: \quad \mathbb{L}_x = \left\{\left(x \Big/ \frac{6-4x}{3}\right)\right\}_{\mathbb{Q}}, \quad \mathbb{L}_y = \left\{\left(\frac{6-3y}{4} \Big/ y\right)\right\}_{\mathbb{Q}}$$

$$3x+2y-5=0: \quad \mathbb{L}_x = \left\{\left(x \Big/ \frac{5-3x}{2}\right)\right\}_{\mathbb{Q}}, \quad \mathbb{L}_y = \left\{\left(\frac{5-2y}{3} \Big/ y\right)\right\}_{\mathbb{Q}}$$

Sehen wir uns die beiden Lösungsmengen $\mathbb{L}_x$ näher an:
Eine gemeinsame Lösung muß **beide** übereinanderstehenden Lösungsmengen erfüllen, d. h. für ein bestimmtes x müssen $\left(x \Big/ \frac{6-4x}{3}\right)$ und $\left(x \Big/ \frac{5-3x}{2}\right)$ gleich sein; das ist dann der Fall, wenn

$$\frac{6-4x}{3} = \frac{5-3x}{2} \quad | \cdot 6$$

$$12-8x = 15-9x$$

$$x = 3$$

Den noch fehlenden y-Wert erhalten Sie durch Einsetzen von $x=3$ in eine der beiden Lösungsmengen $\mathbb{L}_x$ bzw. in eine der beiden Gleichungen: $y=-2$.
Die (einzige) Lösung des Gleichungssystems ist also

$$\underline{\underline{\mathbb{L} = \{(3/-2)\}}} \qquad \text{(Machen Sie die Probe!)}$$

Aufgabe: Berechnen Sie die Lösung des obigen Gleichungssystems über $\mathbb{L}_y$.

b) Die beiden Terme $\frac{6-4x}{3}$ und $\frac{5-3x}{2}$ aus $\mathbb{L}_x$ erhält man einfach durch Auflösen der beiden Gleichungen nach y (5.1.d); man kann die Rechnung aus a) daher erheblich verkürzen:

$$\begin{cases} 4x+3y-6=0 \\ 3x+2y-5=0 \end{cases}$$

$$\begin{cases} 3y=6-4x \quad |:3 \\ 2y=5-3x \quad |:2 \end{cases}$$

Auflösen der **beiden** Gleichungen nach **derselben** Variable (Hier: nach y)

$$\begin{cases} y=\frac{6-4x}{3} \\ y=\frac{5-3x}{2} \end{cases}$$

Gleichsetzen der beiden Terme

$$\frac{6-4x}{3}=\frac{5-3x}{2} \quad |\cdot 6$$

$$12-8x=15-9x$$

$$x=3$$

Lösen der Gleichung

$$y=2-\frac{4\cdot 3}{3}$$

$$y=-2$$

Einsetzen des Ergebnisses (am einfachsten in eine der aufgelösten Gleichungen!)

$$\underline{\underline{\mathbb{L}=\{(3/-2)\}}}$$

Dieses Lösungsverfahren nennt man (wegen des Gleichsetzens der beiden Terme im 4. Schritt) **Gleichsetzverfahren.**

Anmerkung: Geometrisch bedeutet das Lösen eines Gleichungssystems von zwei linearen Gleichungen mit zwei Unbekannten die Berechnung des Schnittpunkts der beiden Geraden, die durch die Gleichungen dargestellt werden.

Aufgaben

Lösen Sie nach dem Gleichsetzverfahren:

1. $\begin{cases} 4x-2y+2=0 \\ x+2y-17=0 \end{cases}$

2. $\begin{cases} 4x-5y=0 \\ 7x-9y-1=0 \end{cases}$

3. $\begin{cases} x-5y=3 \\ 15y-7x+9=0 \end{cases}$

4. $\begin{cases} y-3x=5 \\ \frac{3}{5}x=\frac{1}{5}y-1 \end{cases}$

5. $\begin{cases} y = 1 - 2x \\ 1 - 2x + y = 0 \end{cases}$

6. $\begin{cases} 1 + 3y = 2x \\ \frac{3}{2}x - \frac{1}{4} = 2{,}25\,y \end{cases}$

7. $\begin{cases} (x-2)(y-3) - (x+2)(y+3) = 3x \\ (y+1)(x+4) - (y-1)(x-4) = 4y \end{cases}$

8. $\begin{cases} (x-1)(x+2) + y = (x-4)(x+2) \\ (2x-3)(x+5) - y = (1-x)(4-2x) \end{cases}$

9. $y = 3 - 2x = 4x - 1$

10. $\frac{9}{8}y = (x-1)x = (2-x)(3-x)$

c) Wenn Sie sich die Rechnung in b) nochmals ansehen, so erkennen Sie sicher die Zielrichtung der Lösung: Man versucht, möglichst schnell auf **eine** Gleichung mit nur noch **einer** Unbekannten zu kommen (die man dann wie üblich lösen kann). Dies kann man aber auch erreichen, indem man eine Gleichung nach einer Variablen auflöst und diesen Term in die andere Gleichung einsetzt **(Einsetzverfahren):**

$$\begin{cases} 4x + 3y - 6 = 0 \\ 3x + 2y - 5 = 0 \end{cases}$$

$$\begin{cases} 4x + 3y - 6 = 0 \\ x = \dfrac{5-2y}{3} \end{cases}$$

Auflösen **einer** Gleichung nach **einer** Variablen (hier z. B. 2. Gleichung nach x)

$$4 \cdot \frac{5-2y}{3} + 3y - 6 = 0 \quad |\cdot 3$$

Einsetzen des Terms in die andere Gleichung

(Klammern!)

$$4(5-2y) + 9y - 18 = 0$$

$$20 - 8y + 9y - 18 = 0$$

$$y = -2$$

Lösen der Gleichung

$$x = \frac{5-2(-2)}{3}$$

$$x = 3$$

Einsetzen des Ergebnisses (am einfachsten in die aufgelöste Gleichung!)

$$\mathbb{L} = \{(3/-2)\}$$

Aufgabe: Lösen Sie die Aufgaben aus b) nach dem Einsetzverfahren.

d) Eine weitere Möglichkeit, auf eine Gleichung mit einer Unbekannten zu kommen, besteht darin, die beiden Gleichungen so geschickt zu addieren, daß in der Summe eine Variable fehlt **(Additionsverfahren):**

Rechnung	Erläuterung
$\begin{cases} 4x+3y-6=0 & \mid \cdot 2 \\ 3x+2y-5=0 & \mid \cdot(-3) \end{cases}$	Multiplikation der beiden Gleichungen mit Zahlen derart, daß die **Koeffizienten** einer Variablen **entgegengesetzt gleich** werden (hier: bei y)
$\begin{cases} 8x+6y-12=0 \\ -9x-6y+15=0 \end{cases}$ $-x \quad +3=0$	**Addition** der beiden Gleichungen (Summe der linken Seiten = Summe der rechten Seiten)
$3=x$	Lösen der Gleichung
$9+2y-5=0$ $2y=-4$ $y=-2$	Einsetzen des Ergebnisses in eine der beiden Gleichungen (hier: 2. Gleichung)
$\mathbb{L}=\{(3/-2)\}$	

Aufgabe: Lösen Sie die Aufgaben aus b) mit dem Additionsverfahren.

e) Zusammenfassung:

Lösen eines linearen Gleichungssystems:

1. **Gleichsetzverfahren:** **Beide** Gleichungen nach **derselben** Variablen auflösen, Lösungsterme **gleichsetzen**.
2. **Einsetzverfahren:** **Eine** Gleichung nach **einer** Variablen auflösen, Lösungsterm in die andere Gleichung **einsetzen**.
3. **Additionsverfahren:** Beide Gleichungen mit Zahlen derart multiplizieren, daß die **Koeffizienten** einer Variablen **entgegengesetzt gleich** werden; **Addition** der beiden Gleichungen.

Das Ziel aller Lösungsverfahren besteht darin, möglichst schnell eine Gleichung mit nur einer Unbekannten zu erhalten (die man dann nach den üblichen Regeln lösen kann).

f) Je nach Aufgabe kann ein Verfahren günstiger sein als die anderen; drei **Musterbeispiele** sollen dies nochmals verdeutlichen:

① $\begin{cases} -\frac{5}{3}x+\frac{7}{3}y-1=0 & |\cdot 3 \\ 7+10x-14y=0 \end{cases}$ (ordnen!)

$\begin{cases} -5x+\ 7y-3=0 & |\cdot 2 \\ 10x-14y+7=0 \end{cases}$ Additionsverfahren! (Zahlen günstig!)

$\begin{cases} -10x+14y-6=0 \\ 10x-14y+7=0 \end{cases}$

$$1=0 \ \text{(f)}$$

$$\mathbb{L}=\emptyset$$

(Geometrisch: Die beiden Geraden liegen parallel und besitzen daher keinen Schnittpunkt.)

② $\begin{cases} y=3x-7 \\ 2-10x=2y & |:2 \end{cases}$

$\begin{cases} y=3x-7 \\ y=1-5x \end{cases}$ Gleichsetzverfahren! (Gleichungen sind bereits aufgelöst!)

$$3x-7=1-5x$$
$$8x=8$$
$$x=1$$
$$y=3-7$$
$$y=-4$$
$$\mathbb{L}=\{(1/-4)\}$$

(Geometrisch: Die beiden Geraden besitzen im Koordinatensystem den Schnittpunkt (1/−4))

③ $\begin{cases} x=\frac{3}{2}y-4 \\ 2x+8=3y \end{cases}$ Einsetzverfahren! (Die Gleichungen sind nach verschiedenen Variablen aufgelöst!)

$$2(\tfrac{3}{2}y-4)+8=3y$$
$$3y-8+8=3y$$
$$0=0 \ \text{(w)}$$
$$\mathbb{L}=\{(\tfrac{3}{2}y-4/y)\}_{\mathbb{Q}}$$

$\left(\text{oder auch } \mathbb{L}=\left\{\left(x\Big/\frac{2x+8}{3}\right)\right\}_{\mathbb{Q}}\right)$

(Geometrisch: Die beiden Geraden sind identisch und besitzen damit unendlich viele gemeinsame Punkte.)

Ein lineares Gleichungssystem kann keine, eine oder unendlich viele Lösungen besitzen.

Aufgaben

1. Versuchen Sie in den Aufgaben zu (5.2.b) zu entscheiden, welches Verfahren das günstigste ist.
2. Wählen Sie das schnellste Verfahren:

a) $\begin{cases} x+2y=5 \\ 2x-y=0 \end{cases}$ b) $\begin{cases} 2x=7y-3 \\ 3y+4x=11 \end{cases}$

c) $\begin{cases} 3x=1-2y \\ 6x=y-3 \end{cases}$ d) $x=y-2=2+x$

e) $\begin{cases} (x-2)(y+1)-xy = x-2(1+y) \\ x = 2y-1 \end{cases}$ f) $\begin{cases} 17x-\ 7y = 81 \\ 31x-51y=33 \end{cases}$

g) $\begin{cases} \dfrac{1}{y}+\dfrac{1}{x}=\dfrac{3}{xy} \\ \dfrac{1}{y}-\dfrac{1}{x}=\dfrac{1}{xy} \end{cases}$ h) $\begin{cases} \dfrac{3}{y}-\dfrac{2}{x} = \dfrac{3}{xy} \\ \dfrac{1}{x}-\dfrac{5}{xy}+\dfrac{5}{y}=0 \end{cases}$

3. Bestimmen Sie zwei Zahlen mit der Summe 17 und der Differenz 7.
4. Suchen Sie zwei Zahlen mit Differenz und Quotient 4.
5. Ein Motorboot benötigt flußabwärts für eine Strecke von 96 km 4 Stunden, flußaufwärts 6 Stunden 40 Minuten. Wie groß sind die Flußgeschwindigkeit des Wassers und die Relativgeschwindigkeit des Bootes gegenüber dem Wasser? Wie lange braucht ein im Wasser treibendes Korkstück für die Strecke?

5.3 Gleichungssysteme mit Formvariablen

Bei Aufgaben mit **Formvariablen** beachten Sie bitte eventuelle Fallunterscheidungen in der Lösungsmenge (siehe auch (3.2.b) ⑤ und (4.4)!).

Musterbeispiel:

$$\begin{cases} ax+by=a^2+2ab-b^2 & |\cdot a \\ bx+ay=a^2+b^2 & |\cdot(-b) \end{cases}$$

Additionsverfahren!

$$\begin{cases} a^2x+aby=a^3+2a^2b-ab^2 \\ -b^2x-aby=-a^2b-b^3 \end{cases}$$

$$\begin{aligned} a^2x-b^2x &= a^3+a^2b-ab^2-b^3 \\ x(a^2-b^2) &= a^2(a+b)-b^2(a+b) \\ x(a^2-b^2) &= (a+b)(a^2-b^2) \quad |:(a^2-b^2)\neq 0 \\ x &= a+b \quad \text{in (1)} \end{aligned}$$

$$\begin{aligned} a(a+b)+by &= a^2+2ab-b^2 \\ a^2+ab+by &= a^2+2ab-b^2 \quad |-a^2-ab \\ by &= ab-b^2 \quad |:b\neq 0 \\ y &= a-b \end{aligned}$$

Zu prüfen bleibt noch:

1. $a^2-b^2=0$; zwei Möglichkeiten:

a) $a=b$: $\begin{cases} ax+ay=2a^2 & |:a\neq 0 \\ ax+ay=2a^2 & |:a\neq 0 \end{cases}$ (Probe am Anfang)

$\begin{cases} x+y=2a \\ x+y=2a \end{cases}$ $\mathbb{L}=\{(x/2a-x)\}_{\mathbb{Q}}$

Falls $a=b=0$: $\begin{cases} 0=0 \\ 0=0 \end{cases}$ $\mathbb{L}=\{(x/y)$: $x, y\in\mathbb{Q}$ beliebig$\}$

b) $a=-b$: $\begin{cases} ax-ay=-2a^2 & |:a\neq 0 \\ -ax+ay=2a^2 & |:(-a)\neq 0 \end{cases}$

$\begin{cases} x-y=-2a \\ x-y=-2a \end{cases}$ $\mathbb{L}=\{(x/x+2a)\}_{\mathbb{Q}}$

Falls $a=-b=0$: siehe 1. a)

2. b=0: $\begin{cases} ax = a^2 & |:a \neq 0 \\ ay = a^2 & |:a \neq 0 \end{cases}$

$\begin{cases} x = a \\ y = a \end{cases}$ $\mathbb{L} = \{(a/a)\}$ (Spezialfall der allgemeinen Lösung!)

Falls $b=0$ und $a=0$: siehe 1. a)

Komplette Lösung:

$a=b$: $\mathbb{L} = \{(x/2a-x)\}_{\mathbb{Q}}$

$a=-b$: $\mathbb{L} = \{(x/x+2a)\}_{\mathbb{Q}}$

$a=b=0$: $\mathbb{L} = \{(x/y)$: $x, y \in \mathbb{Q}$ bel.$\}$

sonst: $\mathbb{L} = \{(a+b/a-b)\}$

Aufgaben

1. $\begin{cases} x+y=5b \\ 7x-4y=2b \end{cases}$

2. $\begin{cases} 4x-4y=4(1+q) \\ y+2x=3p+2-q \end{cases}$

3. $\begin{cases} 3ax+3y=1 \\ 2ax-9y-8=0 \end{cases}$

4. $\begin{cases} ax+by=2ab \\ bx+ay=a^2+b^2 \end{cases}$

5.4 Höhere Gleichungssysteme

Man kann nun die Zahl der Gleichungen und die Zahl der Unbekannten beliebig variieren; die in (5.2.e) dargestellten Verfahren kann man (mit geringfügigen Abänderungen) auch weiterhin anwenden. Einige Musterbeispiele sollen dies erläutern:

a) 3 Gleichungen mit 2 Unbekannten

① $\begin{cases} 4x+3y-6=0 \\ 3x+2y-5=0 \\ x+y-1=0 \end{cases}$

Bereits aus den ersten 2 Gleichungen können Sie das Lösungspaar (3/−2) berechnen (siehe (5.2); (3/−2) ist aber erst dann eine Lösung des gesamten Systems, wenn es auch die 3. Gleichung erfüllt.

Probe der Lösung in der 3. Gleichung: $\quad 3-2-1=0$

$$0=0\,(w)$$

Also ist die Lösung des Gleichungssystems $\quad \underline{\underline{\mathbb{L}=\{(3/-2)\}}}.$

Erfüllt die Lösung aus 2 Gleichungen die 3. Gleichung nicht, erhält man für das gesamte Gleichungssystem die Lösungsmenge $\underline{\underline{\mathbb{L}=\emptyset}}$:

② $\begin{cases} x+\ \ y+1=0 \\ 3x+2y-5=0 \\ 4x+3y-6=0 \end{cases}$ (Rechnen Sie bitte selbst nach!)

Hat man mehr Gleichungen als Unbekannte, spricht man von einem **überbestimmten Gleichungssystem;** in einem überbestimmten Gleichungssystem berechnen Sie die Lösungsmenge eines Teilsystems und machen die **Probe** in den restlichen Gleichungen.

b) 3 Gleichungen mit 3 Unbekannten

① $\begin{cases} 4x \qquad\ -z=1 \\ 3x-2y+3z=8 \\ x+3y \qquad =7 \end{cases}$

$\begin{cases} z=4x-1 & \text{in (2)} \\ 3x-2y+3z=8 & \\ y=\dfrac{7-x}{3} & \text{in (2)} \end{cases}$

(Günstig: 1. Gleichung nach z, 3. Gleichung nach y auflösen und beide Terme in die 2. Gleichung einsetzen; damit hat man nur noch 1 Gleichung mit 1 Unbekannten!)

$$3x-2\cdot\frac{7-x}{3}+3(4x-1)=8 \quad |\cdot 3$$

Einsetzen der Terme

$$9x-2(7-x)+9(4x-1)=24$$
$$9x-14+2x+36x-9=24$$
$$47x=47$$

Lösen der Gleichungen

$$x=1$$
$$y=\frac{7-1}{3}=2$$
$$z=4\cdot 1-1=3$$

Einsetzen in aufgelöste Gleichungen

$$\underline{\underline{\mathbb{L}=\{(1/2/3)\}}}$$

② Fehlt in keiner Gleichung eine Variable, so müssen Sie versuchen, durch **mehrfaches Einsetzen** auf eine Gleichung mit einer Variablen zu kommen:

$$\begin{cases} x+y+2z=0 \\ 2x-y+3z=8 \\ -x+2y-2z=-9 \end{cases}$$

Zwei Gleichungen nach **derselben** Variablen auflösen (hier günstig: die ersten 2 Gleichungen nach y)

$$\begin{cases} \left.\begin{array}{l} y=-x-2z \\ y=2x+3z-8 \end{array}\right\} \\ -x+2y-2z=-9 \end{cases}$$

Gleichsetzen der beiden Terme

$$-x-2z=2x+3z-8$$

Nach einer Variablen auflösen

$$8=3x+5z$$

$$x=\frac{8-5z}{3}$$

Einsetzen in eine der beiden nach y aufgelösten Gleichungen

$$y=-\frac{8-5z}{3}-2z$$

$$=\frac{-(8-5z)-6z}{3}$$

$$=\frac{-8-z}{3} \qquad (*)$$

Damit hängen x und y nur noch von z ab; setzt man die beiden Terme in die 3. Gleichung ein, hat man nur noch 1 Gleichung mit einer Unbekannten:

Einsetzen der beiden Terme

$$-\frac{8-5z}{3}+2\cdot\frac{-8-z}{3}-2z=-9 \quad |\cdot 3$$

Lösen der Gleichung

$$-(8-5z)+2(-8-z)-6z=-27$$

$$-8+5z-16-2z-6z=-27$$

$$-3z=-3$$

$$z=1$$

Einsetzen in die aufgelösten Gleichungen

$$x=\frac{8-5}{3}=1$$

$$y=\frac{-8-1}{3}=-3$$

$$\underline{\underline{\mathbb{L}=\{(1/-3/1)\}}}$$

c) 2 Gleichungen mit 3 Unbekannten („unterbestimmtes Gleichungssystem")

$$\begin{cases} x+y+2z=0 \\ 2x-y+3z=8 \end{cases}$$

Rechnung wie (5.4.b) ② bis $\binom{*}{*}$

$$x=\frac{8-5z}{3}$$

$$y=\frac{-8-z}{3}$$

$$\mathbb{L}_z=\left\{\left(\frac{8-5z}{3}\Big/\frac{-8-z}{3}\Big/z\right)\right\}_{\mathbb{Q}}$$

(analog (5.1.d))

Das System besitzt also unendlich viele Lösungen, z. B.:
$(1/-3/1)$ für $z=1$, $(\frac{8}{3}/-\frac{8}{3}/0)$ für $z=0$, $(\frac{13}{3}/-\frac{7}{3}/-1)$ für $z=-1$ ...

Aufgaben

1. Bestimmen Sie in (5.4.c) die Lösungsmenge auch in den Darstellungen $\mathbb{L}_x$ und $\mathbb{L}_y$.

2. a) $\begin{cases} x+y-2=0 \\ 6x-7y+1=0 \\ 4x-9y+5=0 \end{cases}$ b) $\begin{cases} x+y-2=0 \\ 6x-7y+1=0 \\ 2x-y+1=0 \end{cases}$

c) $\begin{cases} x+y-z=0 \\ 3x-2z=1 \\ 4y+z=8 \end{cases}$ d) $\begin{cases} x+2y+z=4 \\ 2x-y-z=9 \\ x+y-z=0 \end{cases}$

e) $\begin{cases} x-y+3z=4 \\ x+y+2z=3 \\ x-5y+5z=1 \end{cases}$ f) $\begin{cases} x-y+3z=4 \\ x+y+2z=3 \\ x-5y+5z=6 \end{cases}$

5.5 Ganzzahlige Lösungen von Gleichungssystemen

Bei manchen Aufgaben (häufig bei Denksportaufgaben) kommt die Forderung hinzu, von den Lösungen einer Gleichung bzw. eines Gleichungssystems nur die ganzzahligen Lösungen anzuerkennen; man spricht hier von **diophantischen Gleichungen** bzw. **Gleichungssystemen** (benannt nach dem griechischen Mathematiker Diophantos).

Eine bekannte Denksportaufgabe:

Bauer Hühnertod kauft auf dem Markt lebendes Geflügel für 150,— DM ein, und zwar Gänse zu je 20,— DM, Enten zu je 9,— DM und Küken zu je 2,— DM; insgesamt nimmt er 43 Tiere mit. Wieviele von jeder Sorte hat er gekauft?

$$\left\{\begin{array}{l} g + e + k = 43 \quad |\cdot(-2) \\ 20g + 9e + 2k = 150 \end{array}\right. \qquad \text{Unterbestimmtes Gleichungssystem!}$$

$$\left\{\begin{array}{l} -2g - 2e - 2k = -86 \\ 20g + 9e + 2k = 150 \end{array}\right. \qquad \text{Additionsverfahren!}$$

$$18g + 7e = 64$$

$$g = \frac{64 - 7e}{18}$$

g muß eine **ganze, positive** Zahl sein (Teile von Tieren trifft man nur selten **lebend**(!) an / negative Tierzahlen sind sinnlos!); unter diesen Zusatzbedingungen ergibt sich als einzige Möglichkeit $\underline{e = 4}$ (probieren Sie die Zahlen selbst durch!).

Damit erhält man als einzige (diophantische, positive) Lösung:

2 Gänse, 4 Enten, 37 Küken

(Beachten Sie: Das unterbestimmte Gleichungssystem besitzt unendlich viele Lösungen, aber nur eine einzige diophantische, positive Lösung!)

Zum Abschluß eine **Knobelaufgabe** für Sie:

Sie haben für den Abend Freunde zu einer Käseplatte eingeladen. Sie gehen mit einem 50,— DM-Schein zum Einkaufen los und besorgen von jedem etwas: Französischen Käse (6,— DM das Stück), Schweizer Käse (3,— DM das Stück) und Rotwein (7,— DM pro Flasche); insgesamt ziehen Sie am Abend 10 Sachen aus Ihrer Einkaufstasche. Wie werden Sie am nächsten Morgen aufwachen: mit Magendrücken (vom vielen Käse) oder einem Kater (vom vielen Rotwein)?

6 Quadratische Gleichungen

6.1 Quadrieren

a) Wir wollen zunächst wiederholen, wie man Zahlen bzw. Terme quadriert; berechnen Sie:

$(x+2)^2 =$ ______________ $(x-2)^2 =$ ______________ (3.2.a)

$(2x)^2 =$ ______________ $\left(\frac{x}{2}\right)^2 =$ ______________

Allgemein:

Regeln für das Quadrieren:

Summe: $(a+b)^2 = a^2 + 2ab + b^2$

Differenz: $(a-b)^2 = a^2 - 2ab + b^2$

Produkt: $(a \cdot b)^2 = a^2 \cdot b^2$

Quotient: $\left(\frac{a}{b}\right)^2 = \frac{a^2}{b^2} \quad (b \neq 0)$

b) Beispiele:

$$79^2 = (80-1)^2 = 6400 - 160 + 1 = 6241$$
$$200^2 = (2 \cdot 100)^2 = 4 \cdot 10000 = 40000$$

Beachten Sie die **Klammern** in der obigen Regel:

$5 + 1^2 = 5 + 1 = 6$ $\qquad 8 - 2^2 = 8 - 4 = 4$

$2 \cdot 3^2 = 2 \cdot 9 = 18$ $\qquad \frac{12^2}{2} = \frac{144}{2} = 72$

Aufgaben

1. Berechnen Sie:
   a) 3^2 / $(-3)^2$ / -3^2 / $-(-3^2)$ / $-(-3)^2$ / $[-(-3)]^2$
   b) $(0{,}5a+b)^2$ / $(0{,}5a-b)^2$ / $(0{,}5ab)^2$ / $\left(\frac{0{,}5a}{b}\right)^2$

c) $\left(\frac{-3ab}{2x}\right)^2$ / $-\left(\frac{2(a+b)}{3a}\right)^2$ / $-\left(\frac{a-b}{a+b}\right)^2$ / $\left(-\frac{(a+b)(a-b)}{3ab}\right)^2$

d) $(a+b+c)^2$ / $(a+b-c)^2$ / $(a-b+c)^2$ / $(a-b-c)^2$

Können Sie eine Regel in Worten angeben?
Können Sie eine Vermutung für $(a+b+c+d)^2$ aufstellen?
(Rechnen Sie nach!)

2. Zeigen Sie an einigen Beispielen: Das Quadrat einer Zahl ist immer größer oder gleich 0:

$$a^2 \geqslant 0$$

c) Mit diesen Regeln kann man bereits die einfachste Form einer quadratischen Gleichung in Angriff nehmen, die **reinquadratische Gleichung** $\mathbf{x^2 = c^2}$ (wobei $\mathbf{c^2}$ eine **Quadratzahl** sein soll).

Aufgabe: Versuchen Sie, die Lösungsmenge durch Probieren zu finden:

1. $x^2=4$	2. $x^2=81$	3. $x^2=\frac{4}{9}$	4. $x^2=\frac{1}{36}$
5. $x^2=0$	6. $x^2=2$	7. $x^2=-4$	8. $x^2=-\frac{4}{9}$

d) Man kann die Lösungen auch systematisch berechnen:

$x^2 = c^2$ (c^2 Quadratzahl)		$x^2 = \frac{4}{9}$
$x^2 - c^2 = 0$	(3.2.a)	$x^2 - \frac{4}{9} = 0$
$(x+c)(x-c) = 0$		$(x+\frac{2}{3})(x-\frac{2}{3}) = 0$

Ein Produkt ist genau dann 0, wenn mindestens ein Faktor 0 ist.

$x+c = 0$ oder $x-c = 0$	$x+\frac{2}{3} = 0$ oder $x-\frac{2}{3} = 0$
$x = -c$ oder $x = c$	$x = -\frac{2}{3}$ oder $x = \frac{2}{3}$
$\mathbb{L} = \{-c, c\}$	$\mathbb{L} = \{-\frac{2}{3}, \frac{2}{3}\}$

Anmerkung: Beachten Sie, daß in der obigen Regel das Produkt **0** sein muß; z. B. in der Gleichung $a \cdot b = 1$ können Sie **keine** Rückschlüsse auf die einzelnen Faktoren a und b ziehen.

Aufgaben

1. Lösen Sie die Aufgaben in c) nochmals, nun aber nach dem obigen Verfahren.

2. Bestimmen Sie die Lösungsmenge:

a) $3x^2=75$ b) $\frac{2}{3}x^2=\frac{2}{3}$

c) $\frac{2}{3}x^2-\frac{3}{2}=0$ d) $\frac{6}{5}=\frac{125+x^2}{x^2}$

e) $\frac{9}{x}=\frac{x}{4}$ f) $\frac{7x+6}{4x-3}=\frac{3(4x+3)}{7x-6}$

g) $\frac{x-2}{x+3}=\frac{x-3}{x+2}$ h) $(3x+2)(3x-2)-12=0$

6.2 Wurzel

Wie löst man nun aber die reinquadratische Gleichung $x^2=c$, wobei auf der rechten Seite **keine Quadratzahl** steht? Wir wollen das Problem am **Beispiel** $\mathbf{x^2=2}$ erläutern.

Die Lösungsidee besteht darin, daß man versucht, eine Zahl zu finden, deren Quadrat 2 ist (dann könnte man die Rechnung in (6.1.d) einfach wiederholen!); daß diese Zahl tatsächlich existiert, kann man mit Hilfe von Intervallschachtelungen beweisen. Sie finden einen **Näherungswert** dieser Zahl, indem Sie in Ihren Taschenrechner [2] [$\sqrt{}$] eintippen: 1,414213562; das Quadrat dieser Zahl ist **ungefähr** 2 (der Wert ist nicht genau, wie Sie am Quadrat der letzten Stelle ablesen können: $(1,\ldots 2)^2$ ergibt $.,\ldots 4$ und nicht $.,\ldots 0$ wie es sein müßte!).

Nach den Vorzeichenregeln (siehe (6.1.b), Aufgabe 1.a)) gibt es damit aber eine weitere Zahl, deren Quadrat ebenfalls 2 ist, nämlich $-1{,}414213562$ (ebenfalls ein Näherungswert!); die **positive** der beiden Zahlen nennt man die **Wurzel** aus 2: $\sqrt{\mathbf{2}}$

> $\sqrt{a}$ (Wurzel aus a) ist diejenige **nichtnegative Zahl,** deren Quadrat a ergibt. $(a \geq 0)$

Oder:

$\sqrt{a}$ ist die nichtnegative Lösung der Gleichung $x^2 = a \quad (a \geq 0)$

Zu dieser Zahl $\sqrt{2}$ bzw. allgemein zu $\sqrt{a}$ sind einige **Anmerkungen** notwendig:

① Geometrisch können Sie $\sqrt{2}$ darstellen als die Länge der Diagonale eines Quadrates mit der Seitenlänge 1 (Pythagoras!).

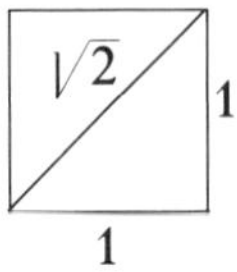

② Mit Hilfe der Intervallschachtelungen kann man beweisen, daß 1,414213562 nur ein Näherungswert ist, und daß man, auch wenn man die Stellenzahl erhöht, zwar genauere Werte, aber ebenfalls immer wieder nur Näherungswerte für die Zahl $\sqrt{2}$ erhält (z.B. auf 50 Stellen den Näherungswert 1,414 213 562 373 095 048 801 688 724 209 881 739 670 713 664 074 51 ...): Die **Dezimalbruchentwicklung** von $\sqrt{2}$ ist **unendlich lang** und **nicht periodisch.**

③ Eine solche Zahl ist offensichtlich **keine rationale Zahl** (denn alle Brüche haben eine endliche bzw. unendlich-periodische Dezimalbruchentwicklung!); man bezeichnet $\sqrt{2}$ daher auch als nicht-rationale Zahl **(„irrationale Zahl“).**

④ Durch die Hinzunahme aller derartiger irrationaler Zahlen zu $\mathbb{Q}$ erhält man die **Menge der reellen Zahlen $\mathbb{R}$**; sie umfaßt **alle rationalen und irrationalen Zahlen.**
In $\mathbb{R}$ bleiben alle bisher behandelten Regeln und Gesetzmäßigkeiten weiterhin richtig.

⑤ In $\mathbb{R}$ schreibt man **Lösungsintervalle** etwas anders:
statt $\{a \leq x \leq b\}_{\mathbb{R}}$ kürzer: [a, b] („abgeschlossenes Intervall“)
statt $\{a < x < b\}_{\mathbb{R}}$ kürzer:]a, b[(„offenes Intervall“)
statt $\{a \leq x < b\}_{\mathbb{R}}$ kürzer: [a, b[(„halboffenes Intervall“)
statt $\{a < x \leq b\}_{\mathbb{R}}$ kürzer:]a, b] („halboffenes Intervall“)

Im folgenden werden wir alle Lösungsmengen immer in $\mathbb{R}$ angeben, falls für eine spezielle Aufgabe nichts anderes angegeben ist.

⑥ $\sqrt{\mathbf{0}} = \mathbf{0}$, denn $0^2 = 0$

⑦ $\sqrt{-2}$: Gesucht ist eine Zahl, deren Quadrat -2 ist (6.2); da Quadrate aber nie negativ sein können ((6.1.b), Aufgabe 2.), kann es diese Zahl $\sqrt{-2}$ **nicht** geben.

Merken Sie sich also bitte gut:

1. $\sqrt{a}$ ist für $a \geqslant 0$ **eindeutig** definiert als die **positive** Lösung der Gleichung $x^2 = a$.
2. $\sqrt{a}$ existiert **nicht** für $a < 0$.
3. $\sqrt{a} \geqslant 0$ für alle $a \in \mathbb{R}_0^+$ (positive, reelle Zahlen mit Null)

6.3 Zusammenhang zwischen Quadrieren und Wurzelziehen

Wie Sie auf den letzten Seiten gesehen haben, besteht zwischen dem Quadrieren und dem Wurzelziehen eine enge Beziehung; wir wollen sie im folgenden näher untersuchen.
Berechnen Sie:

$(\sqrt{2})^2 =$ ______ $\sqrt{2^2} =$ ______

$(\sqrt{0})^2 =$ ______ $\sqrt{0^2} =$ ______

$(\sqrt{-2})^2 =$ ______ $\sqrt{(-2)^2} =$ ______

(Vergleichen Sie mit (2.3.c)!)

Daß sich Wurzelziehen und Quadrieren „gegenseitig aufheben", gilt also nur im positiven Bereich; in den **negativen Zahlen** gilt dies **nicht**. (Ein häufiger Fehler!!). Allgemein gilt also:

1. $(\sqrt{a})^2 = a$ **für** $a \geqslant 0$
   (Für $a < 0$ ist $\sqrt{a}$ nicht definiert!)
2. $\sqrt{a^2} = |a|$ **für alle** $a \in \mathbb{R}$

Musterbeispiele und Hinweise:

① $(\sqrt{4})^2 = 2^2 = 4$ $\quad$ $(\sqrt{0})^2 = 0^2 = 0$ $\quad$ $(\sqrt{-4})^2$ existiert nicht

$\sqrt{4^2} = \sqrt{16} = 4$ $\quad$ $\sqrt{0^2} = \sqrt{0} = 0$ $\quad$ $\sqrt{(-4)^2} = \sqrt{16} = 4$

② $\sqrt{x^2-4x+4} = \sqrt{(x-2)^2}$ (Fall 2)

$= |x-2|$ (3.2.c)

$$= \begin{cases} x-2 & \text{für } x \geqq 2 \\ -x+2 & \text{für } x < 2 \end{cases}$$

③ $x^2 = 81 \quad |\sqrt{\ }$

$\sqrt{x^2} = \sqrt{81} \quad | \sqrt{81} = \sqrt{9^2} = |9| = 9 \;/\; \boxed{\sqrt{x^2} = |x|}$ (Fall 2)

$|x| = 9$

$\mathbb{L} = \{-9, 9\}$ (Vergleichen Sie mit (6.1.c)!)

④ Allgemein: $\boxed{\text{Aus } x^2 = c^2 \text{ folgt } |x| = |c|}$

nicht aber $x = c$. (Beachten Sie auch (2.2.c), Aufgabe 3!)

Aufgaben

1. Vereinfachen Sie:

   a) $\sqrt{a^2}$ / $\sqrt{(-a)^2}$ / $\sqrt{-a^2}$ / $\sqrt{|-a^2|}$

   b) $\sqrt{a^2-2ab+b^2}$ / $\sqrt{a^2+2ab-b^2}$ / $\sqrt{0{,}25s^2+4t^2-2st}$

2. Wo steckt der Fehler (falls es einen gibt)?

$$0 = 0 \quad |-42$$
$$-42 = -42$$
$$36-78 = 49-91 \quad \left| + \frac{169}{4} \right.$$
$$36-78+\frac{169}{4} = 49-91+\frac{169}{4} \quad | \text{(3.2.a)}$$
$$\left(6-\frac{13}{2}\right)^2 = \left(7-\frac{13}{2}\right)^2 \quad |\sqrt{\ }$$
$$6-\frac{13}{2} = 7-\frac{13}{2} \quad \left| + \frac{13}{2} \right.$$
$$6 = 7$$

6.4 Wurzelregeln

a) Für das Rechnen mit den Wurzeln gibt es **Regeln**:
Berechnen Sie:

$\sqrt{16+9} =$ ______________	$\sqrt{16} + \sqrt{9} =$ ______________
$\sqrt{25-9} =$ ______________	$\sqrt{25} - \sqrt{9} =$ ______________
$\sqrt{16 \cdot 9} =$ ______________	$\sqrt{16} \cdot \sqrt{9} =$ ______________
$\sqrt{\frac{25}{9}} =$ ______________	$\frac{\sqrt{25}}{\sqrt{9}} =$ ______________

Es gilt also:

> $\sqrt{ab} = \sqrt{a} \cdot \sqrt{b}$ (a, b ≥ 0)
>
> $\sqrt{\frac{a}{b}} = \frac{\sqrt{a}}{\sqrt{b}}$ (a ≥ 0, b > 0)
>
> Die Wurzel aus einer Summe (Differenz) ist **nicht** dasselbe wie die Summe (Differenz) der einzelnen Wurzeln.

Achtung: Sie dürfen z. B. 16 zerlegen in

$\sqrt{16} = \sqrt{4 \cdot 4} = \sqrt{4} \cdot \sqrt{4} = 2 \cdot 2 = 4,$ **nicht aber** in
$\sqrt{16} = \sqrt{(-4)(-4)} \not= \sqrt{-4} \cdot \sqrt{-4}$ ($\sqrt{-4}$ ist nicht definiert!/
Beachten Sie die Einschränkungen der Bereiche in den Regeln!)

b) Diese Regeln kommen in bestimmten **Anwendungen** immer wieder vor:

① **„Unter die Wurzel ziehen“**

$7 \cdot \sqrt{3} = \sqrt{49} \cdot \sqrt{3} = \sqrt{49 \cdot 3} = \sqrt{147}$

$a^3 \cdot \sqrt{ab} = \sqrt{a^6} \cdot \sqrt{ab} = \sqrt{a^6 ab} = \sqrt{a^7 b}$ (a, b ≥ 0)

② **Radizieren eines Bruchterms**   ($a \neq 0$)

$$\sqrt{\frac{4(x-a)^2}{a^2}} = \frac{\sqrt{4}\,\sqrt{(x-a)^2}}{\sqrt{a^2}} = \frac{2|x-a|}{|a|}$$ (Beträge!!)

③ **„Teilweise Radizieren"** $(a \geq 0)$

$$\sqrt{a^5} = \sqrt{a^4 \cdot a} \quad \text{(Zerlegen in quadratische Teile mal Rest)}$$
$$= \sqrt{a^4} \cdot \sqrt{a} = \sqrt{(a^2)^2} \cdot \sqrt{a} = |a^2| \sqrt{a} = a^2 \sqrt{a}$$

④ **Rationalmachen des Nenners**

$$\frac{1}{\sqrt{3}} = \frac{1}{\sqrt{3}} \cdot \frac{\sqrt{3}}{\sqrt{3}} \qquad \text{(Erweitern mit } \sqrt{3}\text{)}$$
$$= \frac{\sqrt{3}}{(\sqrt{3})^2} = \frac{\sqrt{3}}{3} = \frac{1}{3}\sqrt{3}$$

$$\frac{4}{\sqrt{7} - \sqrt{10}} = \frac{4}{\sqrt{7} - \sqrt{10}} \cdot \frac{\sqrt{7} + \sqrt{10}}{\sqrt{7} + \sqrt{10}} \qquad \text{(Erweitern mit } \sqrt{7} + \sqrt{10}\text{)}$$
$$= \frac{4(\sqrt{7} + \sqrt{10})}{7 - 10} \qquad \text{(3. bin. Formel!)}$$
$$= -\frac{4}{3}(\sqrt{7} + \sqrt{10})$$

Aufgaben

1. Ziehen Sie unter eine Wurzel:
   a) $ab\sqrt{ab}$ b) $2x^2\sqrt{x}$ c) $(3a + 4a^3)\sqrt{a^3}$ d) $3a + 4a^3\sqrt{a^3}$
2. Ziehen Sie die Wurzel:
   a) $\sqrt{\frac{9x^2}{a^4}}$ b) $\sqrt{a^2 + b^2}$ c) $\sqrt{\frac{4(a+b)^2}{a^2 - 2ab + b^2}}$ d) $\sqrt{a^2 - 2ab - b^2}$
3. Radizieren Sie teilweise:
   a) $\sqrt{\frac{2a^5}{x^2}}$ b) $\sqrt{a^3 + a^2 b}$ c) $\sqrt{\frac{27(a+x)^4}{a^3}}$ d) $\sqrt{\frac{512 b^{17} c^{12}}{a^{14}}}$
4. Machen Sie den Nenner rational:
   a) $\frac{1}{\sqrt{2}}$ b) $\frac{1}{\sqrt{5a}}$ c) $\frac{\sqrt{a}}{\sqrt{a} - \sqrt{b}}$ d) $\frac{\sqrt{112} - \sqrt{48}}{\sqrt{3} - \sqrt{7}}$

6.5 Spezielle quadratische Gleichungen

Damit können wir die quadratischen Gleichungen angehen:

a) Reinquadratische Gleichung $x^2=c$ (**c beliebig**/Vergleichen Sie mit (6.1.d)):

Allgemein		Beispiel
$x^2 = c$		$x^2 = 2$
$x^2 = (\sqrt{c})^2$	(6.2)	$x^2 = (\sqrt{2})^2$
$x^2-(\sqrt{c})^2 = 0$	(3.2.a)	$x^2-(\sqrt{2})^2 = 0$
$(x+\sqrt{c})(x-\sqrt{c}) = 0$		$(x+\sqrt{2})(x-\sqrt{2}) = 0$
$x+\sqrt{c} = 0 \vee x-\sqrt{c} = 0$		$x+\sqrt{2} = 0 \vee x-\sqrt{2} = 0$
$x = -\sqrt{c} \;\vee\; x = \sqrt{c}$		$x = -\sqrt{2} \;\vee\; x = \sqrt{2}$
$\mathbb{L} = \{-\sqrt{c}, \sqrt{c}\}$		$\mathbb{L} = \{-\sqrt{2}, \sqrt{2}\}$

$\vee$: „oder“
$\wedge$: „und“

Die Rechnung ist nur unter der Voraussetzung $c \geqslant 0$ richtig ($\sqrt{c}$ ist für $c<0$ nicht definiert (6.2)/Für $c=0$ fallen beide Lösungen zusammen). Die gesamte Lösungsmenge lautet also in Abhängigkeit von c:

$$c>0\colon\ \mathbb{L} = \{-\sqrt{c}, \sqrt{c}\}$$

$$c=0\colon\ \mathbb{L} = \{0\}$$

$$c<0\colon\ \mathbb{L} = \emptyset$$

b) Reinquadratische Gleichung $ax^2=c$

Berechnen Sie diese Gleichung selbst nach dem Vorbild von a):

Allgemein: $ax^2=c$	Beispiel: $5x^2=15$

c) Gleichung ohne Konstante $ax^2+bx=0$

Allgemein	Beispiel	
$ax^2+bx = 0$	$7x^2+3x = 0$	(x ausklammern)
$x(ax+b) = 0$	$x(7x+3) = 0$	(6.1.d)
$x = 0 \vee ax+b = 0$	$x = 0 \vee 7x+3 = 0$	
$x = 0 \quad \vee \quad x = -\dfrac{b}{a}$	$x = 0 \quad \vee \quad x = -\dfrac{3}{7}$	
$\mathbb{L} = \left\{0, -\dfrac{b}{a}\right\}$	$\mathbb{L} = \left\{0, -\dfrac{3}{7}\right\}$	

Diese Gleichung besitzt also **immer 2 Lösungen**, falls $b \neq 0$ ist.

6.6 Allgemeine quadratische Gleichung

a) Für die allgemeine quadratische Gleichung $ax^2+bx+c=0$ findet man die Lösungen

$$x_1=\frac{-b+\sqrt{b^2-4ac}}{2a} \qquad x_2=\frac{-b-\sqrt{b^2-4ac}}{2a}$$

$$\left(\text{Kurzschreibweise:}\quad x_{1/2}=\frac{-b\pm\sqrt{b^2-4ac}}{2a}\right)$$

Da aber Wurzeln von negativen Zahlen nicht definiert sind (6.2), hängt die Zahl der Lösungen von dem Ausdruck $D=b^2-4ac$ (der **„Diskriminante"**) ab:

Die quadratische Gleichung $ax^2+bx+c=0$ $(a\neq 0)$ besitzt für

(1) $b^2-4ac>0$ 2 Lösungen: $\mathbb{L}=\left\{\frac{-b\pm\sqrt{b^2-4ac}}{2a}\right\}$

(2) $b^2-4ac=0$ 1 Lösung: $\mathbb{L}=\left\{-\frac{b}{2a}\right\}$

(3) $b^2-4ac<0$ keine Lösung: $\mathbb{L}=\emptyset$

(Lernen Sie diese Lösungsformel auswendig, sie wird sehr häufig gebraucht!)

b) Musterbeispiele:

① $3x^2+5x-2=0$ $(a=3,\ b=5,\ c=-2)$

$$x_{1/2}=\frac{-5\pm\sqrt{25-4\cdot3(-2)}}{6}=\frac{-5\pm\sqrt{25+24}}{6}=\frac{-5\pm\sqrt{49}}{6}=\frac{-5\pm7}{6}$$

$$x_1=\frac{-5+7}{6}=\frac{2}{6}=\frac{1}{3} \qquad x_2=\frac{-5-7}{6}=\frac{-12}{6}=-2$$

$$\mathbb{L}=\left\{-2,\frac{1}{3}\right\}$$

② $x^2+6x+9=0$ $\quad$ $(a=1,\ b=6,\ c=9)$

$$x_{1/2}=\frac{-6\pm\sqrt{36-4\cdot1\cdot9}}{2}$$

$$=\frac{-6\pm0}{2}$$

$$\underline{\underline{\mathbb{L}=\{-3\}}}$$

③ $-2x^2+3x-5=0$ $\quad$ $(a=-2,\ b=3,\ c=-5)$

$$x_{1/2}=\frac{-3\pm\sqrt{9-4(-2)(-5)}}{-4}$$

$$=\frac{-3\pm\sqrt{9-40}}{-4}$$ $\quad$ ($\sqrt{-31}$ nicht def.!)

$$\underline{\underline{\mathbb{L}=\emptyset}}$$

(Um eine negative Zahl im Nenner zu vermeiden, wäre es günstiger gewesen, am Anfang die Gleichung mit (-1) durchzumultiplizieren und dann erst mit der Lösungsformel zu beginnen!)

④ **Mit Formvariablen:**

$$2x^2+m^2-n^2=3mx-nx$$

$$2x^2-3mx+nx+m^2-n^2=0$$

$$2x^2+x(n-3m)+(m^2-n^2)=0 \qquad (a=2,\ b=n-3m,\ c=m^2-n^2)$$

$$x_{1/2}=\frac{-(n-3m)\pm\sqrt{(n-3m)^2-4\cdot2(m^2-n^2)}}{4}$$

$$=\frac{(3m-n)\pm\sqrt{n^2-6mn+9m^2-8m^2+8n^2}}{4}$$

$$=\frac{(3m-n)\pm\sqrt{m^2-6mn+9n^2}}{4}$$

$$=\frac{(3m-n)\pm\sqrt{(m-3n)^2}}{4}$$

$$=\frac{(3m-n)\pm|m-3n|}{4}$$

$$=\frac{(3m-n)\pm(m-3n)}{4}$$ (Klammern!)

$$|m-3n|=\begin{cases}+(m-3n) & \text{für } m\geqq 3n\\ -(m-3n) & \text{für } m<3n\end{cases}$$

$$\pm|m-3n|=\begin{cases}\pm(m-3n) & \text{für } m\geqq 3n\\ \mp(m-3n) & \text{für } m<3n\end{cases}$$

Die Lösungen vertauschen sich also nur durch das „±“ der Lösungsformel:

> Sie können hier in der Lösungsformel also **ausnahmsweise** den Betrag immer durch eine runde Klammer ersetzen!

$$x_1 = \frac{3m - n + m - 3n}{4} = \frac{4m - 4n}{4} = \frac{4(m-n)}{4} = m - n$$

$$x_2 = \frac{3m - n - m + 3n}{4} = \frac{2m + 2n}{4} = \frac{2(m+n)}{4} = \frac{m+n}{2}$$

$$\mathbb{L} = \left\{ m - n, \frac{m+n}{2} \right\}$$

⑤ Bestimmen Sie $k \in \mathbb{R}$ so, daß die Gleichung $(kx)^2 - k(k-1)x + 4 = 0$ genau eine Lösung besitzt; wie lautet diese Lösung?

Diskriminante $D = b^2 - 4ac = 0$ (6.6.a) $(a = k^2,\ b = -k(k-1),\ c = 4)$

$$[-k(k-1)]^2 - 4 \cdot k^2 \cdot 4 = 0$$

$$k^2(k-1)^2 - 16k^2 = 0$$

$$k^2[(k-1)^2 - 16] = 0 \qquad (6.1.d)$$

$$k^2 = 0 \quad \vee \quad (k-1)^2 - 16 = 0$$

$$k = 0 \quad \vee \quad k^2 - 2k - 15 = 0 \qquad (6.6.a)$$

$$k = 5 \quad \vee \quad k = -3$$

In die Gleichung eingesetzt ergibt sich:

k = 0	**k = 5**	**k = −3**
$4 = 0$ (f)	$25x^2 - 20x + 4 = 0$	$9x^2 - 12x + 4 = 0$
Entfällt!	$(5x - 2)^2 = 0$	$(3x - 2)^2 = 0$
	$x = \frac{2}{5}$	$x = \frac{2}{3}$

Die Gleichung besitzt für $k = 5$ oder $k = -3$ genau eine Lösung, nämlich $x = \frac{2}{5}$ bzw. $x = \frac{2}{3}$.

Aufgaben

1. a) $x^2 + 2x - 35 = 0$ b) $x^2 + 10x + 25 = 0$

   c) $x^2 - 2x + 2 = 0$ d) $\left(x - \frac{1}{2}\right)\left(x - \frac{1}{3}\right) = 0$

   e) $2(x-3)^2 + 3(x+4) = 20$ f) $x^2 - 2x - 2 = 0$

   g) $x^2 + 4x - 1 = 0$ h) $x^2 - 2\sqrt{5}x - 11 = 0$

   i) $x^2 - 3 - 2\sqrt{2} = 0$ k) $x^2 - 5x + (1 + \sqrt{5}) = 0$

2. a) $x^2-(a+b)x+ab=0$ b) $x^2-2ax+a^2-b^2=0$

c) $x^2-2ax+a^2=1$ d) $2x^2-3(a+b)x+(a+b)^2=0$

e) $x^2-2\sqrt{2}x+2=a^2$ f) $(2x-3a)^2+4x^2=9a^2$

3. Für welche Werte $k \in \mathbb{R}$ haben die folgenden Gleichungen die angegebene Zahl von Lösungen?

a) $x^2-kx+9=0$ 2 Lösungen

b) $(kx)^2-4x+2=0$ 2 Lösungen

c) $kx^2+4x-k=0$ keine Lösung

d) $2x^2+k(k+1)x+k^2=0$ 1 Lösung

6.7 Satz von Vieta/Faktorzerlegung

a) Falls eine quadratische Gleichung $ax^2+bx+c=0$ zwei Lösungen besitzt, erhält man sie über die Lösungsformel:

$$x_1 = \frac{-b+\sqrt{b^2-4ac}}{2a} \qquad x_2 = \frac{-b-\sqrt{b^2-4ac}}{2a}$$

Berechnen Sie:

a) die **Summe der beiden Lösungen:** $x_1+x_2 =$ ____________

b) das **Produkt der beiden Lösungen:** $x_1 \cdot x_2 =$ ____________

(Satz von Vieta)

Beispiel: $3x^2+5x-2=0$ (6.6.b) ①)

$x_1 = -2,\ x_2 = \frac{1}{3}$

$x_1+x_2 = -2+\frac{1}{3} = -\frac{5}{3} = -\frac{b}{a}$

$x_1 \cdot x_2 = (-2)\cdot\frac{1}{3} = -\frac{2}{3} = \frac{c}{a}$

b) Besonders einfach wird der Satz von Vieta, wenn $a=1$ ist; in diesem Falle kann man die Lösungen einer quadratischen Gleichung durch geschicktes Raten (mit Hilfe dieses Satzes) finden.

Beispiel: $x^2-5x+6=0$

Vieta: $x_1+x_2=5,\ x_1\cdot x_2=6$

Gesucht sind also zwei Zahlen, deren Summe 5 und deren Produkt 6 ergibt; dies sind 2 und 3. Also

$$\underline{\underline{\mathbb{L}=\{2,3\}}}$$

c) Der Satz von Vieta erlaubt es außerdem, eine quadratische Gleichung (falls sie mindestens eine Lösung besitzt) auch in Produktform darzustellen:

$$ax^2+bx+c=0$$

Lösungen x_1 und x_2

$$\text{Vieta: } \begin{cases} x_1+x_2=-\dfrac{b}{a} \Rightarrow b=-a(x_1+x_2) \\ x_1\cdot x_2=\dfrac{c}{a} \Rightarrow c=a(x_1\cdot x_2) \end{cases} \qquad \text{(Einsetzen!)}$$

$$\begin{aligned} ax^2-a(x_1+x_2)x+a(x_1\cdot x_2)&=0\\ a[x^2-x_1x-x_2x+x_1x_2]&=0\\ a[x(x-x_1)-x_2(x-x_1)]&=0\\ a[(x-x_1)(x-x_2)]&=0 \end{aligned}$$

Dies ist die sogenannte **Faktorzerlegung** einer quadratischen Gleichung:

$$\boxed{ax^2+bx+c=0 \Leftrightarrow a(x-x_1)(x-x_2)=0}$$

d) Beispiele:

① $3x^2+5x-2=0 \Leftrightarrow 3(x-(-2))\left(x-\dfrac{1}{3}\right)=0$ (6.6.b) ①)

$$3(x+2)\left(x-\frac{1}{3}\right)=0$$

(Machen Sie die Probe und multiplizieren Sie das Produkt aus!)

② $x^2+6x+9=0 \Leftrightarrow (x-(-3))(x-(-3))=0$ (6.6.b) ②)

$$(x+3)(x+3)=0$$
$$(x+3)^2=0$$

③ Welche quadratische Gleichung besitzt die Lösungen $-\frac{5}{2}$ und 3?

$$a\left(x-\left(-\frac{5}{2}\right)\right)(x-3)=0$$
$$a\left(x+\frac{5}{2}\right)(x-3)=0$$
$$a\left(x^2+\frac{5}{2}x-3x-\frac{15}{2}\right)=0 \quad |\cdot 2$$
$$a(2x^2+5x-6x-15)=0$$
$$\underline{\underline{a(2x^2-x-15)=0}} \quad \textbf{(für alle } \mathbf{a \neq 0)}$$

④ Die Gleichung $ax^2+x+3=0$ hat die eine Lösung $x_1=-\frac{1}{2}$. Berechnen Sie die zweite Lösung und den fehlenden Koeffizienten a; geben Sie die Faktorzerlegung der Gleichung an.

Vieta:
$$\begin{cases} -\frac{1}{2}+x_2=-\frac{1}{a} & (1) \\ \left(-\frac{1}{2}\right)x_2=\frac{3}{a} & |\cdot(-2) \qquad x_2=-\frac{6}{a} \text{ in (1)} \end{cases}$$

$$-\frac{1}{2}-\frac{6}{a}=-\frac{1}{a} \quad \underline{\underline{|\cdot 2a \neq 0}}$$
$$-a-12=-2$$
$$a=-10 \quad (\neq 0!) \qquad x_2=-\frac{6}{-10}=\frac{3}{5}$$

Gesuchte Gleichung: $-10x^2+x+3=0$ mit Lösungen $-\frac{1}{2}$ und $\frac{3}{5}$

Faktorzerlegung: $-10(x+\frac{1}{2})(x-\frac{3}{5})=0$

Aufgaben

1. Versuchen Sie, die Lösungen durch Raten (nach dem Satz von Vieta) anzugeben und verwandeln Sie die Gleichung in allen Fällen in ein Produkt:

   a) $x^2 - 8x + 15 = 0$ b) $x^2 - 4x + 3 = 0$

   c) $x^2 - 2x - 3 = 0$ d) $x^2 + 5x + 6 = 0$

   e) $x^2 - x - 56 = 0$ f) $x^2 + 7x + 10 = 0$

2. Welche quadratischen Gleichungen haben die Lösungen

   a) $3\ /\ 4$ b) $-3\ /\ 4$ c) $3\ /\ -4$ d) $-3\ /\ -4$

   e) $1 + \sqrt{2}\ /\ 1 - \sqrt{2}$ f) $\sqrt{7} - 3\ /\ 2 - \sqrt{7}$

3. Die Gleichung $ax^2 + 9x + 2 = 0$ besitzt die Lösung $x_1 = -\frac{1}{3}$. Bestimmen Sie a und x_2 und geben Sie die Faktorzerlegung der Gleichung an.

4. In der Gleichung $ax^2 - 13x + 6 = 0$ ist die eine Lösung der Kehrwert der anderen Lösung. Wie lauten sie?

7 Gleichungen, die sich auf quadratische Gleichungen zurückführen lassen

7.1 Substitution

Um die Rechnung zu vereinfachen, ist es oft notwendig bzw. zweckmäßig, für einen in einer (Un-)Gleichung vorkommenden Rechenausdruck eine neue Variable einzuführen. Dieses Verfahren nennt man **Substitution.**

Musterbeispiele:

① $(2x^2+x)^2-8(2x^2+x)+15=0$

(**Nicht** ausmultiplizieren: Gleichung 4. Grades!)

Substitution: $2x^2+x:=t$ (⁑)

Damit erhält die Gleichung die Gestalt:

Substitution

$t^2-8t+15=0$

$t_1=3 \vee t_2=5$

Lösen der substituierten Gleichung

Da die Lösungen aber in x und nicht in t gebraucht werden, müssen Sie die berechneten t-Werte wieder in die Substitutionsgleichung (⁑) einsetzen:

Einsetzen der Lösungen in die Substitutionsgleichung

$2x^2+x=3 \quad \vee \quad 2x^2+x=5$

$\mathbb{L}_1=\left\{-\frac{3}{2}, 1\right\} \vee \mathbb{L}_2=\left\{\frac{-1\pm\sqrt{41}}{4}\right\}$

Lösen dieser Gleichung(en)

$$\mathbb{L}=\left\{-\frac{3}{2}, 1, \frac{-1\pm\sqrt{41}}{4}\right\}$$

② $\frac{3}{x^2}=6-\frac{7}{x} \quad \mathbb{D}=\mathbb{R}\setminus\{0\}$

(Bruchgleichung!)

$\frac{3}{x^2}+\frac{7}{x}-6=0 \quad \frac{1}{x}:=t$

$3t^2+7t-6=0$

$t_1=\frac{2}{3} \vee t_2=-3$

(Die Aufgabe ließe sich natürlich auch wie in (4.3) lösen.)

$\frac{1}{x}=\frac{2}{3} \vee \frac{1}{x}=-3$

$$\mathbb{L}_1 = \left\{\frac{3}{2}\right\} \quad \vee \quad \mathbb{L}_2 = \left\{-\frac{1}{3}\right\}$$

$$\frac{3}{2} \in \mathbb{D} \qquad -\frac{1}{3} \in \mathbb{D}$$

$$\underline{\underline{\mathbb{L} = \left\{-\frac{1}{3}, \frac{3}{2}\right\}}}$$

Aufgaben

1. $6(x+1)^2 - 5(x+1) + 1 = 0$
2. $2(x-\frac{1}{2})^2 - 5(x-\frac{1}{2}) - 3 = 0$
3. $(x^2+2x)^2 - 4(x^2+2x) - 5 = 0$
4. $(x^2-2x)^2 - x^2 + 2x - 6 = 0$
5. $x - 4\sqrt{x} + 3 = 0$
6. $x - 2\sqrt{x} - 3 = 0$

7.2 Bruchgleichungen II

Mit Hilfe der quadratischen Lösungsformel (6.6.a) und der Faktorzerlegung (6.7.c) können wir nun auch **schwierigere Bruchgleichungen** behandeln. Lesen Sie sich bitte zunächst nochmals die Abschnitte (4.3) und (4.4) durch; das Lösungsprinzip (4.3.b) bleibt unverändert.

Musterbeispiele:

① $\frac{2x+7}{x+3} + \frac{3-2x}{3-x} = \frac{18}{x^2-9}$ (1.3.b) ②)

$\frac{2x+7}{x+3} - \frac{3-2x}{x-3} = \frac{18}{(x+3)(x-3)} \quad |\cdot(x+3)(x-3)$ $\mathbb{D} = \mathbb{R} \setminus \{-3, 3\}$

$$(2x+7)(x-3) - (3-2x)(x+3) = 18$$
$$2x^2 + x - 21 + 3x - 9 + 2x^2 = 18$$
$$4x^2 + 4x - 30 = 18$$
$$4x^2 + 4x - 48 = 0 \quad |:4$$
$$x^2 + x - 12 = 0$$

(6.7.b)

$$x_1 = 3 \notin \mathbb{D} \qquad x_2 = -4 \in \mathbb{D}$$

$$\underline{\underline{\mathbb{L} = \{-4\}}}$$

② $$\frac{5x+1}{x^2+3x+2}-\frac{1}{6}=\frac{7-2x}{2+x}$$ (6.7.c)

$$\frac{5x+1}{(x+1)(x+2)}-\frac{1}{6}=\frac{7-2x}{x+2} \quad |\cdot 6(x+1)(x+2)$$ $\mathbb{D}=\mathbb{R}\setminus\{-1, -2\}$

$$6(5x+1)-(x+1)(x+2)=6(x+1)(7-2x)$$
$$30x+6-x^2-3x-2=-12x^2+30x+42$$
$$11x^2-3x-38=0$$

$$x_1=2\in\mathbb{D} \qquad x_2=-\frac{19}{11}\in\mathbb{D}$$

$$\mathbb{L}=\left\{-\frac{19}{11}, 2\right\}$$

Aufgaben

1. $\frac{x}{2x-7}=\frac{x+5}{3x-9}$

2. $\frac{2x-3}{1+x}-\frac{x+6}{3x-2}=0$

3. $\frac{6-9x}{x^2-7x+12}=\frac{2x-1}{x-3}$

4. $\frac{3-3x}{x^2+x-2}=\frac{x-1}{x+2}$

5. $\frac{x+1}{x^2+x-12}=\frac{10-2x}{x^2-8x+15}$

6. $\frac{2x+5}{x^2+3x-10}-\frac{x+4}{x^2+2x-8}=0$

7.3 Zerfallende Gleichungen

Wenn bei einer Gleichung auf einer Seite 0 und auf der anderen Seite ein Produkt steht, läßt sich die Lösung der Gleichung ganz einfach mit Hilfe des folgenden Satzes finden:

> Ein Produkt ist genau dann 0, wenn mindestens ein Faktor 0 ist.

a) Musterbeispiele:

① $(x^2-2x-3)(x^2-4x-5)=0$ — Zerlegen in Einzelgleichungen nach dem obigen Satz

$x^2-2x-3=0 \;\vee\; x^2-4x-5=0$ — Lösen der Einzelgleichungen

$\mathbb{L}_1=\{-1, 3\} \;\vee\; \mathbb{L}_2=\{-1, 5\}$ — Gesamtlösungsmenge = Vereinigung der Lösungsmengen der Einzelgleichungen

$\mathbb{L}=\{-1, 3, 5\}$

Anmerkung: Die erste Zeile ließe sich über die Faktorzerlegung (6.7.c) auch weiter zerlegen in $(x+1)(x-3)(x+1)(x-5)=0$, woraus sich die Gesamtlösungsmenge direkt ablesen läßt.

② $$6x^3-5x^2+x=0 \qquad \text{x ausklammern!}$$
$$x(6x^2-5x+1)=0$$

$x=0 \quad \vee \quad 6x^2-5x+1=0$

$\mathbb{L}_1=\{0\} \quad \vee \quad \mathbb{L}_2=\{\frac{1}{2}, \frac{1}{3}\}$

$$\underline{\underline{\mathbb{L}=\{0, \tfrac{1}{2}, \tfrac{1}{3}\}}}$$

b) Sie können also nach folgendem **Lösungsschema** vorgehen:

1. Eine Seite der Gleichung muß 0 sein; zerlegen Sie die andere Seite in ein Produkt (durch Ausklammern, binomische Formeln oder Faktorzerlegung).
2. Lösen der Einzelgleichungen (Setzen Sie jeweils einen Faktor gleich 0)
3. Gesamtlösungsmenge = Vereinigung der Lösungsmengen der einzelnen Teilgleichungen

Aufgaben

1. $(x^2-4)(x^2+2x-8)=0$
2. $(x^2-3x+2)(x^2-7x+12)=0$
3. $(8x^2-2x-3)(x^3+27)=0$
4. $x^4-2x^3-3x^2=0$
5. $2x^3+5=5x^2+3x+5$
6. $(x-1)(x^2+2)=3x(x-1)$
7. $\dfrac{(x^2-x)(x-2)^2}{x^3-x^2-2x}=0$
8. $\dfrac{2x^3-3x^2-2x}{4x^4-x^2}=0$

7.4 Biquadratische Gleichungen

Ein bestimmter Typ von Gleichungen höheren Grades (die sogenannten **biquadratischen Gleichungen $ax^{2n}+bx^n+c=0$)** läßt sich durch geeignete Substitution (7.1) auf quadratische Gleichungen zurückführen.

Musterbeispiele:

① $144x^4-145x^2+36=0$

Substitution: $x^2:=t$

$(x^4=(x^2)^2=t^2!)$

$144t^2-145t+36=0$

(Substitution (dann wie (7.1)))

$t_1=\frac{4}{9} \quad \vee \quad t_2=\frac{9}{16}$

$x^2=\frac{4}{9} \quad \vee \quad x^2=\frac{9}{16}$

$\mathbb{L}_1=\{\pm\frac{2}{3}\} \qquad \mathbb{L}_2=\{\pm\frac{3}{4}\}$

$\mathbb{L}=\{-\frac{3}{4}, -\frac{2}{3}, \frac{2}{3}, \frac{3}{4}\}$

② $x^7-35x^4+216x=0$

$x(x^6-35x^3+216)=0$

$x=0 \quad \vee \quad x^6-35x^3+216=0 \qquad x^3:=t \quad [x^6=(x^3)^2=t^2!]$

$t^2-35t+216=0$

$t_1=8 \quad \vee \quad t_2=27$

$x^3=8 \quad \vee \quad x^3=27$

$\mathbb{L}_1=\{0\} \quad \vee \quad \mathbb{L}_2=\{2\} \quad \vee \quad \mathbb{L}_3=\{3\}$

$\mathbb{L}=\{0, 2, 3\}$

③ Eine Kombination aus allen in Kap. 7 bisher behandelten Gleichungstypen:

$$\frac{(2x^3-x)(9x^5-37x^3+4x)}{3x^3+5x^2-2x}=0 \quad \Big|\cdot(3x^3+5x^2-2x)\neq 0$$

Berechnung von $\mathbb{D}$:

$3x^3+5x^2-2x\neq 0$

$x(3x^2+5x-2)\neq 0$

$x\neq 0 \quad \wedge \quad 3x^2+5x-2\neq 0$

$x\neq\frac{1}{3} \quad \wedge \quad x\neq -2$

$\mathbb{D}=\mathbb{R}\setminus\{-2, 0, \frac{1}{3}\}$

> Ein Produkt ist dann **ungleich 0**, wenn **alle Faktoren** ungleich 0 sind.

$$(2x^3-x)(9x^5-37x^3+4x)=0$$
$$x(2x^2-1)x(9x^4-37x^2+4)=0$$
$$x^2(2x^2-1)(9x^4-37x^2+4)=0$$

$x^2=0 \quad \vee \quad 2x^2-1=0 \quad \vee \quad 9x^4-37x^2+4=0 \qquad x^2:=t$

$\mathbb{L}_1=\{0\} \quad \vee \quad x=\pm\frac{1}{\sqrt{2}} \quad \vee \quad 9t^2-37t+4=0$

$\vee \quad t_1=4 \quad \vee \quad t_2=\frac{1}{9}$

$0 \notin \mathbb{D} \qquad \mathbb{L}_2=\{\pm\frac{1}{2}\sqrt{2}\} \qquad x^2=4 \quad \vee \quad x^2=\frac{1}{9}$

$\pm\frac{1}{2}\sqrt{2} \in \mathbb{D} \qquad \mathbb{L}_3=\{\pm 2\} \quad \vee \quad \mathbb{L}_4=\{\pm\frac{1}{3}\}$

$2 \in \mathbb{D} \qquad \frac{1}{3} \notin \mathbb{D}$

$-2 \notin \mathbb{D} \qquad -\frac{1}{3} \in \mathbb{D}$

$$\mathbb{L}=\{-\tfrac{1}{2}\sqrt{2},\ -\tfrac{1}{3},\ \tfrac{1}{2}\sqrt{2},\ 2\}$$

Aufgaben

1. $4x^4-7x^2+3=0$
2. $4x^4-x^2-3=0$
3. $x^4+4x^2+3=0$
4. $x^6-9x^3+8=0$
5. $x^6-7x^3-8=0$
6. $x^6+9x^3+8=0$
7. $x^8+15x^4-16=0$
8. $x^8+17x^4+16=0$
9. $\dfrac{2x^6+7x^4-4x^2}{2x^3-x}=0$
10. $\dfrac{(x^4-1)(8x^7+63x^4-8x)}{2x^4+x^3-x^2}=0$

7.5 Wurzelgleichungen

a) Aufgabe: 1. Bestimmen Sie durch Raten die Lösungsmengen $\mathbb{L}$:

(a) $\sqrt{x}=2$ (b) $\sqrt{x-1}=2$

(c) $\sqrt{1-x}=2$ (d) $\sqrt{x^2}=2$

(e) $\sqrt{x}=x$ (f) $\sqrt{x+2}=x$

(g) $\sqrt{1-x}=-1$ (h) $\sqrt{x^2-3}=0$

(Beachten Sie dabei (6.2)!)

Will man die Lösungen von Wurzelgleichungen systematisch berechnen, muß man offensichtlich versuchen, die Gleichung wurzelfrei zu bekommen (anders lassen sich die verschiedenen x-Glieder ja nicht zusammenfassen!); eine einfache Möglichkeit ist das **Quadrieren der gesamten Wurzelgleichung** (Quadrat der linken Seite = Quadrat der rechten Seite).

Beispiel: Wurzelgleichung	Quadrierte Gleichung
$\sqrt{2x-3} = 5$	$(\sqrt{2x-3})^2 = (5)^2$
(Probieren!)	$2x-3 = 25$
	$2x = 28$
	$x = 14$
$\mathbb{L} = \{14\}$	$\mathbb{L}' = \{14\}$

(Was in der rechten Spalte steht, ist nicht ganz vollständig und korrekt: $(\sqrt{2x-3})^2 = 2x-3$ gilt nur für $2x-3 \geq 0$ ((6.3) Fall 1). Wir wollen das aber noch einen Augenblick außer Betracht lassen; wir kommen auf dieses Problem später noch zurück.)

Aufgabe: 2. Quadrieren Sie bei den vorigen Aufgaben getrennt die linke und die rechte Seite (ohne Berücksichtigung von Einschränkungen) und bestimmen Sie die zugehörigen Lösungsmengen $\mathbb{L}'$ dieser neuen Gleichungen.

Aufgabe: 3. Vergleichen Sie die Lösungsmengen $\mathbb{L}$ und $\mathbb{L}'$ miteinander. Was fällt auf?

b) Das **Quadrieren einer Gleichung** ist also **keine Äquivalenzumformung**. Zu den Lösungen der ursprünglichen Wurzelgleichung kommen beim Quadrieren (möglicherweise) noch weitere Lösungen hinzu: $\mathbb{L} \subseteq \mathbb{L}'$

Beispiel:

$$\sqrt{x+6} = x \quad |^2 \qquad [\mathbb{L} = \{3\}]$$
$$(\sqrt{x+6})^2 = (x)^2$$
$$x+6 = x^2$$
$$x^2 - x - 6 = 0$$
$$x_1 = -2 \qquad x_2 = 3 \qquad [\mathbb{L}' = \{-2, 3\}]$$
$$\mathbb{L} \subseteq \mathbb{L}'$$

Damit wissen Sie aber nur, daß -2 und 3 die Lösungen der quadrierten Gleichung (2.–4. Zeile) sind, **nicht** aber, ob sie auch Lösungen der ursprünglichen Wurzelgleichung (1. Zeile) sind. Um dies herauszufinden, müssen Sie daher für jede Lösung die **Probe** machen und in die 1. Zeile (**vor dem Quadrieren**) einsetzen:

$$\begin{aligned} x=-2: \quad \sqrt{-2+6} &= -2 \\ \sqrt{4} &= -2 \\ 2 &= -2 \text{ (f)} \\ x=3: \quad \sqrt{3+6} &= 3 \\ \sqrt{9} &= 3 \\ 3 &= 3 \text{ (w)} \\ \mathbb{L} &= \{3\} \end{aligned}$$

Achtung: $\sqrt{4}=2>0$!! (6.2)

In der Probe nicht quadrieren!!

(Aus $\sqrt{4}=-2$ (f) wird sonst $4=4$ (w)!!)

Anmerkung: Die Probe ist auch der eigentliche Grund, warum man beim Quadrieren zu Beginn der Aufgabe keine Einschränkungen zu beachten braucht (7.5.a): Es kommen zwar (möglicherweise) beim Quadrieren neue Lösungen hinzu, sie entfallen aber durch die Probe am Schluß der Aufgabe von selbst wieder.

c) Zusammenfassung: Lösen einer Wurzelgleichung

1. **Quadrieren der Wurzelgleichung** (ohne Berücksichtigung von Einschränkungen):
   (linke Seite)^2 = (rechte Seite)^2 (Klammern!)
2. **Lösen** dieser (quadrierten) Gleichung
3. **Probe** (Einsetzen der Lösungen der (quadrierten) Gleichung in die ursprüngliche Wurzelgleichung **vor dem Quadrieren**)

d) Musterbeispiel:

$$\begin{aligned} \sqrt{16+6x-x^2} &= x-4 \quad |^2 \\ \left(\sqrt{16+6x-x^2}\right)^2 &= (x-4)^2 \\ 16+6x-x^2 &= x^2-8x+16 \\ 2x^2-14x &= 0 \quad |:2 \\ x(x-7) &= 0 \\ x_1 = 0 \qquad x_2 &= 7 \end{aligned}$$

Quadrieren
(Klammern!/(3.2.a))
Zusammenfassen
Vereinfachen
Lösen der Gleichung
((7.3) bzw. über (6.6.a))

Probe: $x_1 = 0$: $\sqrt{16} = -4$
$4 = -4$ (f)

$x_2 = 7$: $\sqrt{16+42-49} = 7-4$
$3 = 3$ (w)

Probe (Einsetzen in die erste Zeile, nicht später!/**Nicht quadrieren!!**)

$\underline{\underline{\mathbb{L} = \{7\}}}$

$\mathbb{L}$ nicht vergessen: Hier ist zusammengefaßt, welche Lösungen nach der Probe noch bleiben!

Aufgaben

1. $\sqrt{3x-2} = x$
2. $\sqrt{4x^2-6x} = 2$
3. $\sqrt{x+6} = -x$
4. $\sqrt{25-x^2} = x-7$
5. $2-x = \sqrt{2-x}$
6. $\sqrt{4x-3} = x+1$
7. $\sqrt{4x+5} = \sqrt{2x+3}$
8. $\sqrt{4x+3} = \sqrt{2x+1}$

e) Wir wollen uns das Musterbeispiel in d) nochmals ansehen, allerdings etwas verändert (4 auf der anderen Seite):

$$\sqrt{16+6x-x^2}+4 = x \quad |^2 \qquad \text{(Klammern!)}$$
$$(\sqrt{16+6x-x^2}+4)^2 = x^2 \qquad \text{(Binomische Formeln!)}$$
$$(16+6x-x^2)+8\sqrt{16+6x-x^2}+16 = x^2$$

Sie sehen: Durch die binomische Formel bleibt die Wurzel im Mittelglied erhalten, das Quadrieren brachte das Wurzelzeichen nicht zum Verschwinden. Fazit:

Sie müssen **vor dem Quadrieren** die Wurzelgleichung so umformen, daß die Wurzel allein auf einer Seite steht **(„Wurzel isolieren“).**

(Nur dann verschwindet die Wurzel nach dem Quadrieren!)

Musterbeispiele:

① $\dfrac{\sqrt{x+6}-3}{2x-6} = \dfrac{1}{2} \quad | \cdot 2(x-3)$ — $\mathbb{D} = \mathbb{R} \setminus \{3\}$ (Bruchgleichung! (4.3))

$\sqrt{x+6}-3 = x-3$ — Wurzel isolieren

$\sqrt{x+6} = x \quad |^2 \quad (*)$

$x+6 = x^2$ — Quadrieren

$x^2-x-6 = 0$ — Lösen der Gleichung

$x_1 = -2 \qquad x_2 = 3$

Probe: $x_1 = -2$: $\frac{\sqrt{4}-3}{-4-6} = \frac{1}{2}$

$\frac{-1}{-10} = \frac{1}{2}$ (f)

$x_2 = 3$: $\frac{\sqrt{9}-3}{6-6} = \frac{1}{2}$

$\frac{0}{0} = \frac{1}{2}$ (f)

Probe

[Andere Möglichkeit der Probe: -2 und 3 erst in $(\ast)$ einsetzen, damit entfällt -2 (3 bleibt!). Wegen $\mathbb{D} = \mathbb{R} \setminus \{3\}$ entfällt dann auch die 3.

$\mathbb{L} = \emptyset$

② $\sqrt{2x+1} - 2x = x - 2\sqrt{1+2x}$ $\quad (\sqrt{1+2x} = \sqrt{2x+1})$

$3\sqrt{2x+1} = 3x \quad |:3$ Wurzel isolieren

$\sqrt{2x+1} = x \quad |^2 \quad (\ast)$

$2x+1 = x^2$

$x^2 - 2x - 1 = 0$ (6.6.a)

$x_{1/2} = 1 \pm \sqrt{2}$

Probe: (Einsetzen in $(\ast)$)

$x_1 = 1 + \sqrt{2}$:

$\sqrt{2(1+\sqrt{2})+1} = 1+\sqrt{2}$

$\sqrt{3+2\sqrt{2}} = 1+\sqrt{2}$

$\sqrt{(1+\sqrt{2})^2} = 1+\sqrt{2}$

$|1+\sqrt{2}| = 1+\sqrt{2}$

$(1+\sqrt{2} > 0!)$

$1+\sqrt{2} = 1+\sqrt{2}$ (w)

$x_2 = 1 - \sqrt{2}$:

$\sqrt{2(1-\sqrt{2})+1} = 1-\sqrt{2}$ (7.5.b)

$\sqrt{3-2\sqrt{2}} = 1-\sqrt{2}$ $\quad (3 \pm 2\sqrt{2}) = (1 \pm \sqrt{2})^2$

$\sqrt{(1-\sqrt{2})^2} = 1-\sqrt{2}$ (6.3)

$|1-\sqrt{2}| = 1-\sqrt{2}$

$(1-\sqrt{2} < 0!)$ (2.3.c)

$-(1-\sqrt{2}) = 1-\sqrt{2}$

$\sqrt{2}-1 = 1-\sqrt{2}$ (f)

$\mathbb{L} = \{1+\sqrt{2}\}$

Aufgaben

1. $x - \sqrt{x} = 0$
2. $\sqrt{x+2} - x + 3 = 3$
3. $2\sqrt{x+6} - 2x = 0$
4. $x - 7 - \sqrt{25 - x^2} = 0$
5. $\dfrac{\sqrt{x+6}}{2x} = \dfrac{1}{2}$
6. $\dfrac{\sqrt{x+2} - 2}{x-2} = 1$
7. $\sqrt{4x+3} - x - \dfrac{3}{2} = \dfrac{x - \sqrt{3+4x}}{2}$

f) Falls man nun mehr als eine Wurzel in der Gleichung stehen hat, kann die Rechnung dadurch erschwert werden, daß man nicht alle Wurzeln auf einmal isolieren kann.

Musterbeispiele:

① $\sqrt{3x-5} - 2 - \sqrt{x-3} = 0$ (Nicht so quadrieren!/ sonst bleiben 3 Wurzeln (ausprobieren!))

$$\sqrt{3x-5} - 2 = \sqrt{x-3} \quad |^2$$
Quadrieren
$$(3x-5) - 4\sqrt{3x-5} + 4 = x - 3$$
$$2x + 2 = 4\sqrt{3x-5} \quad |:2$$
Wurzel isolieren
Vereinfachen
$$x + 1 = 2\sqrt{3x-5} \quad |^2$$
Quadrieren
$$x^2 + 2x + 1 = 4(3x-5)$$
$$x^2 + 2x + 1 = 12x - 20$$
$$x^2 - 10x + 21 = 0$$
$$x_1 = 3 \qquad x_2 = 7$$

Probe:

$x_1 = 3$: $2 - 2 - 0 = 0$ (w)

$x_2 = 7$: $4 - 2 - 2 = 0$ (w)

$\mathbb{L} = \{3, 7\}$

Stellen Sie also die Gleichung zunächst so um, daß nach dem Quadrieren weniger Wurzeln vorhanden sind als zu Anfang (binomische Formeln!); dann vereinfachen Sie die Gleichung so weit wie nur möglich. Dieses Verfahren wiederholen Sie so lange, bis alle Wurzeln verschwunden sind.

② $\sqrt{x^2+\sqrt{1-3x}-4}+x=0$

$$
\begin{aligned}
\sqrt{x^2+\sqrt{1-3x}-4}+x &= 0 && \text{Wurzel isolieren}\\
\sqrt{x^2+\sqrt{1-3x}-4} &= -x \quad |^2 && \text{Quadrieren}\\
x^2+\sqrt{1-3x}-4 &= x^2 && \text{Wurzel isolieren}\\
\sqrt{1-3x} &= 4 \quad |^2 && \text{Quadrieren}\\
1-3x &= 16\\
3x &= -15\\
x &= -5
\end{aligned}
$$

Probe:

$$
\begin{aligned}
\sqrt{25+\sqrt{16}-4}-5 &= 0\\
\sqrt{25+4-4}-5 &= 0\\
5-5 &= 0 \text{ (w)}\\
\mathbb{L} &= \{-5\}
\end{aligned}
$$

Aufgaben

1. $\sqrt{3x-2}-\sqrt{5x-1}+1=0$
2. $\sqrt{1-7x}=\sqrt{9+x}+4$
3. $\sqrt{x^2-3x+5}=\sqrt{x^2+3}+1$
4. $\sqrt{x^2+5}=\sqrt{5x^2-4}-1$
5. $\sqrt{10+x^3}=\sqrt{3-x^3}+1$
6. $\sqrt{x-\sqrt{7x+1}+1}=\sqrt{5-x}$
7. $\sqrt{x+5}+\sqrt{x}-\sqrt{7x-3}=0$

7.6 Textaufgaben (Lösungsprinzip siehe (1.6))

Musterbeispiel:

Ein rechtwinkliges Dreieck hat die Hypotenusenlänge 41 cm und den Flächeninhalt 180 cm^2. Wie groß ist der Umfang des Dreiecks?

Katheten:	a, b
Hypotenuse:	c/Länge: 41 cm
Umfang:	$u=a+b+c$
Flächeninhalt:	$\frac{1}{2}(a\cdot b)=180$
Dreieck rechtwinklig:	$a^2+b^2=c^2$

$$
\text{Ansatz: } \begin{cases} \frac{1}{2}(a\cdot b) = 180 \quad |\cdot 2 \\ a^2+b^2 = 41^2 \end{cases} \qquad (5.2.c)
$$

$$(1)\quad ab = 180 \cdot 2$$

$$b = \frac{360}{a} \qquad \text{in (2)}$$

$$a^2 + \left(\frac{360}{a}\right)^2 = 1681 \quad | \cdot a^2 \qquad (7.4)$$

$$a^4 - 1681\,a^2 + 129600 = 0 \qquad a^2 := t$$

$$t^2 - 1681\,t + 129600 = 0$$

$$t_1 = 1600 \quad \vee \quad t_2 = 81$$

$a^2 = 1600$	$a^2 = 81$
$\underline{\underline{a_1 = 40}}$ $[a_2 = -40]$	$\underline{\underline{a_3 = 9}}$ $[a_4 = -9]$ $(a > 0!)$
$b_1 = \frac{360}{40}$	$b_3 = \frac{360}{9}$
$\underline{\underline{b_1 = 9}}$	$\underline{\underline{b_3 = 40}}$

(Die Katheten haben die Längen 9 cm u. 40 cm.) Der Umfang beträgt 90 cm.

Aufgaben

1. Ein rechtwinkliges Dreieck besitzt den Flächeninhalt 96 m^2 und den Umkreisradius 10 m. Wie lang sind die Katheten?
2. In einem rechteckigen Garten mit den Maßen 20 m und 25 m soll in der Mitte ein Rasenrechteck angelegt werden, das von den Grundstücksgrenzen überall denselben Abstand hat. Wie groß muß dieses Rasenstück sein, wenn es 60% der Gartenfläche einnehmen soll?
3. Wenn man von einer Zahl ihren Kehrwert abzieht, erhält man die Hälfte der Zahl. Wie heißt sie?
4. Zwei parallel geschaltete Widerstände R_1 und R_2 unterscheiden sich um 500 Ω, ihr Gesamtwiderstand ist 600 Ω. Wieviel Ω hat jeder einzelne Widerstand?

   (Kirchhoffsches Gesetz für parallel geschaltete Widerstände:

   $$\frac{1}{R} = \frac{1}{R_1} + \frac{1}{R_2}$$

   R: Gesamtwiderstand; R_1, R_2: Einzelwiderstände)
5. In einen Kreis mit dem Radius $r = 5$ cm wird eine Sehne s eingezeichnet. Eine Sehne s', die um 2 cm kürzer als s ist, hat einen um 1 cm größeren Abstand vom Mittelpunkt des Kreises als s. Wie lang sind die beiden Sehnen, und wie groß sind ihre Abstände vom Mittelpunkt des Kreises?

8 Quadratische Ungleichungen

8.1 Allgemeine quadratische Ungleichungen

Das Ziel dieses Kapitels ist es, einen allgemeinen Lösungsweg für die **quadratischen Ungleichungen**

$$\mathbf{a x^2 + b x + c > 0} \qquad \text{und} \qquad \mathbf{a x^2 + b x + c < 0}$$

(bzw. mit „$\geqq$“ und „$\leqq$“) anzugeben. Wir wollen die so kompliziert aussehende Aufgabe zunächst (ausnahmsweise) **allgemein** durchrechnen; das Lösungsverfahren, das man aus den Ergebnissen ableiten kann, ist dann in seiner Anwendung verblüffend einfach.

a) Die Gleichung $\mathbf{a x^2 + b x + c = 0}$ besitzt zwei Lösungen $\mathbf{x_1}$ und $\mathbf{x_2}$:

Die Funktion $y = a x^2 + b x + c$ stellt im Koordinatensystem eine Parabel dar, die für $a > 0$ nach oben, für $a < 0$ nach unten geöffnet ist; mit der Gleichung $a x^2 + b x + c = 0$ werden die Schnittpunkte x_1 und x_2 der Parabel mit der x-Achse (die „Nullstellen“) berechnet. „Die Gleichung $a x^2 + b x + c = 0$ besitzt zwei Lösungen x_1 und x_2“ bedeutet daher dasselbe wie „Die Parabel $y = a x^2 + b x + c$ schneidet die x-Achse in zwei Punkten $(x_1|0)$ und $(x_2|0)$“.

Beispiel ($a > 0$):

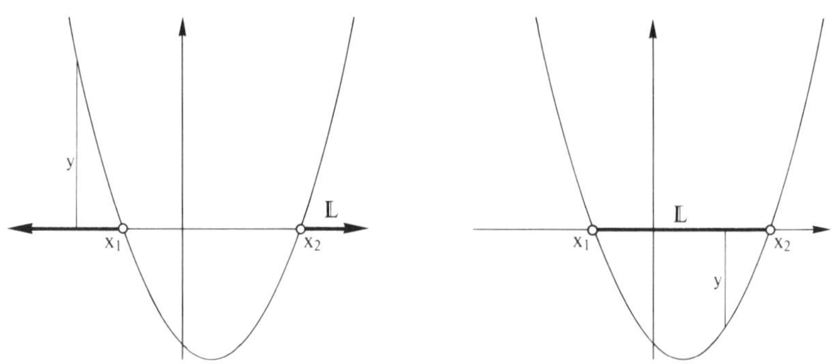

Die Ungleichungen

$ax^2+bx+c>0$	$ax^2+bx+c<0$

kann man nun in Worten so formulieren:

Für welche Werte von x ist der zugehörige y-Wert der Parabel

größer als Null?	kleiner als Null?

(liegt die Parabel also

oberhalb	unterhalb

der x-Achse)

Die Lösungsmengen kann man aus der Zeichnung ganz leicht ersehen; für das obige Beispiel wären dies:

$\mathbb{L}=\mathbb{R}\setminus[x_1, x_2]$	$\mathbb{L}=]x_1, x_2[$
(der Bereich „außerhalb" der Nullstellen)	(der Bereich zwischen den Nullstellen)

Für $a<0$ ist die Parabel nach unten geöffnet; dieselbe Überlegung ergibt:

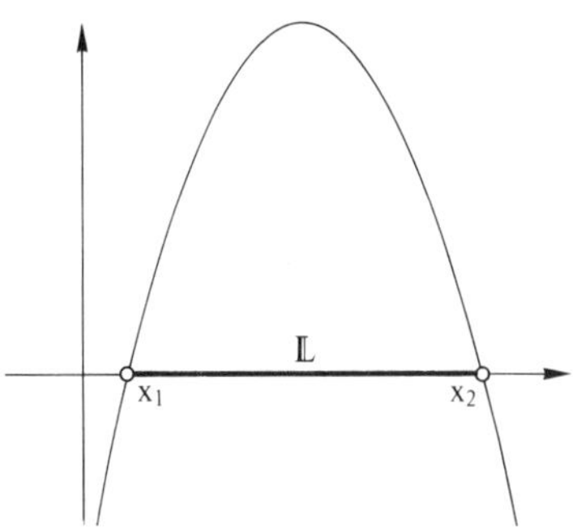

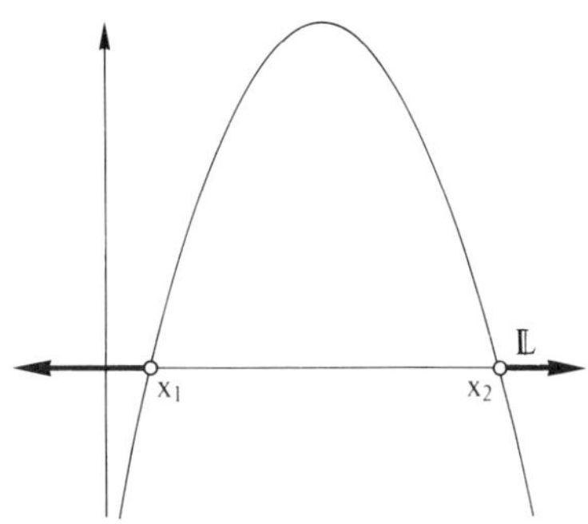

$ax^2+bx+c>0$	$ax^2+bx+c<0$
$\mathbb{L}=]x_1, x_2[$	$\mathbb{L}=\mathbb{R}\setminus[x_1, x_2]$

Fazit: Falls die Gleichung $ax^2+bx+c=0$ zwei Lösungen x_1 und x_2 besitzt, kommen für die Lösungsmengen der quadratischen Ungleichungen $ax^2+bx+c>0$ bzw. $ax^2+bx+c<0$ also nur der Bereich **zwischen** den Lösungen bzw. der Bereich **außerhalb** der Lösungen x_1 und x_2 der quadratischen Gleichung in Frage. Das Lösungsverfahren ist also ganz einfach:

> 1. Berechnen Sie die **Lösungen der quadratischen Gleichung** $ax^2+bx+c=0$.
> 2. Durch eine einfache **Stichprobe** (Einsetzen einer beliebigen Zahl, die keine Lösung der quadratischen Gleichung ist, in die quadratische Ungleichung) entscheiden Sie, welcher der beiden möglichen Bereiche die Lösungsmenge ist.

Musterbeispiele:

① $\frac{1}{2}x^2-x-\frac{3}{2}>0 \quad |\cdot 2$

$x^2-2x-3>0 \quad (\ast)$

Vereinfachen

$$x^2-2x-3=0$$

$$x_{1/2}=\frac{2\pm\sqrt{4+12}}{2}=\frac{2\pm 4}{2}$$

$$x_1=3 \quad x_2=-1$$

Lösungen der quadratischen Gleichung berechnen

(Damit gibt es nur 2 Möglichkeiten für die Lösungsmenge: $\mathbb{L}=\,]-1,3[$ oder $\mathbb{L}=\mathbb{R}\setminus[-1,3]$)

Stichprobe für $x=0$:
$x=0$ in $(\ast)$ eingesetzt ergibt $-3>0$ (f)
$x=0$ liegt in $]-1,3[$; dieser Bereich ist daher der falsche, die Lösungsmenge ist also der andere Bereich:

$$\underline{\underline{\mathbb{L}=\mathbb{R}\setminus[-1,3]}}$$

Stichprobe für $x=0$

Anmerkungen:

1. Sie können natürlich auch jede andere Zahl für die Stichprobe nehmen; z. B.

$$\left.\begin{array}{ll} x=1: & 1-2-3>0 \Leftrightarrow -4>0\,(f) \\ x=2: & 4-4-3>0 \Leftrightarrow -3>0\,(f) \end{array}\right\} \text{aus }]-1,3[$$

$$\left.\begin{array}{ll} x=-2: & 4+4-3>0 \Leftrightarrow 5>0\,(w) \\ x=4: & 16-8-3>0 \Leftrightarrow 5>0\,(w) \end{array}\right\} \text{aus } \mathbb{R}\setminus[-1,3]$$

2. Die einzigen Werte, die Sie **nicht** für die Stichprobe benutzen dürfen, sind die beiden Lösungen der quadratischen Gleichung $x_1=3$ und $x_2=-1$, da sie zu keinem der beiden möglichen Lösungsbereiche gehören; die beiden Werte liefern auch daher keine Information für die Bereichsentscheidung.

3. Falls es möglich ist, sollten Sie $x=0$ für die Stichprobe benutzen: Es fallen alle x-Glieder weg und es bleibt nur die Konstante übrig (keine Rechenfehler!!).

4. Denken Sie daran, daß solche Stichprobenentscheidungen **nur** bei quadratischen Ungleichungen zulässig sind: dieses Prinzip kann man **nicht** auf jede beliebige Ungleichung anwenden.

② $x+2>x^2$

$x^2-x-2<0$

Ordnen

$x^2-x-2=0$

$$x_{1/2}=\frac{1\pm\sqrt{1+8}}{2}$$

$$=\frac{1\pm 3}{2}$$

$x_1=2 \quad x_2=-1$

Lösungen der quadratischen Gleichung berechnen

$x=0$: $-2<0\,(w)$

(Wir haben also den richtigen Bereich getroffen!)

$x=0\in\,]-1,2[\;\Rightarrow$

$\mathbb{L}=\,]-1,2[$

Stichprobe (für $x=0$)

③ $x^2+2x-4 \leqslant 7x-4-x^2$

$2x^2-5x \leqslant 0$

Vereinfachen

$\overline{2x^2-5x} = 0$ (6.5.c)

$x(2x-5) = 0$

$x_1 = 0 \quad x_2 = \frac{5}{2}$

Lösungen der quadratischen Gleichung berechnen

$x=1$: $2 \leqslant 5$ (w)

Stichprobe (**x = 0 nicht möglich!**)

$\overline{\mathbb{L}} = [0, \frac{5}{2}]$

0 und $\frac{5}{2}$ gehören zu $\mathbb{L}$ (wegen „$\leqslant$“!)

④ $x(x-10) \geqslant 1$

$x^2-10x-1 \geqslant 0$

$\overline{x^2-10x-1} = 0$

$x_{1/2} = \frac{10 \pm \sqrt{100+4}}{2}$

$= \frac{10 \pm 2\sqrt{26}}{2}$

$= 5 \pm \sqrt{26}$

$x=0$: $-1 \geqslant 0$ (f)

$(5-\sqrt{26} < 0, \quad 5+\sqrt{26} > 0,$

also $0 \in [5-\sqrt{26}, \quad 5+\sqrt{26}])$

(Oder auch Stichprobe für $x=5$ (liegt ganz sicher in $[5-\sqrt{26}, \quad 5+\sqrt{26}]$!!))

$\overline{\mathbb{L}} = \mathbb{R} \setminus]5-\sqrt{26}, \quad 5+\sqrt{26}[$

$5 \pm \sqrt{26} \in \mathbb{L}$ (wegen „$\geqslant$“!)

⑤ **Mit Formvariablen:**

$2x^2+m^2-n^2>3mx-nx$

$$\overline{2x^2+m^2-n^2} = 3mx-nx \qquad \text{(6.6.b) ④)}$$

$$x_{1/2} = \frac{(3m-n)\pm(m-3n)}{4}$$

$$x_1 = m-n \qquad x_2 = \frac{m+n}{2}$$

Lösungen der quadratischen Gleichung berechnen

Im Bereich $\left]m-n, \frac{m+n}{2}\right[$ ist in **jedem** Fall $x = \frac{3m-n}{4}$

$\left(\text{siehe Lösungsformel: } x_{1/2} = \frac{(3m-n)\pm\ldots}{4}!\right)$

Stichprobe für $x = \frac{3m-n}{4}$:

$$2\left(\frac{3m-n}{4}\right)^2+m^2-n^2 > 3m\left(\frac{3m-n}{4}\right)-n\left(\frac{3m-n}{4}\right)$$

$$2\,\frac{9m^2-6mn+n^2}{16}+m^2-n^2 > \frac{9m^2-3mn}{4}-\frac{3mn-n^2}{4} \quad |\cdot 8$$

$$9m^2-6mn+n^2+8m^2-8n^2 > 18m^2-6mn-6mn+2n^2$$

$$0 > m^2-6mn+9n^2$$

$$0 > (m-3n)^2$$

falsch für alle $m, n \in \mathbb{R}$

Stichprobe (**keine feste Zahl** (wie 0, 1..) **einsetzen:** feste Zahlen liegen für verschiedene Parameterwerte m und n im allgemeinen in verschiedenen Bereichen!)

$$\underline{\underline{\mathbb{L} = \mathbb{R} \setminus \left[m-n, \frac{m+n}{2}\right]}}$$

b) Die Gleichung $ax^2+bx+c=0$ besitzt eine Lösung ($x_1=x_2$):

Die zugehörige Parabel $y=ax^2+bx+c$ berührt also die x-Achse, sie „steht auf" bzw. „hängt an" der x-Achse:

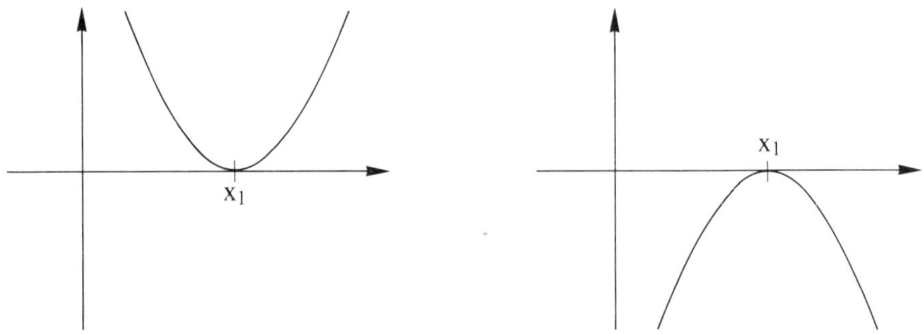

1. $ax^2+bx+c>0$
   $\mathbb{L}=\mathbb{R}\setminus\{x_1\}$
2. $ax^2+bx+c<0$
   $\mathbb{L}=\emptyset$

Formulieren Sie in Worten! (siehe a)!)

1. $ax^2+bx+c>0$
   $\mathbb{L}=\emptyset$
2. $ax^2+bx+c<0$
   $\mathbb{L}=\mathbb{R}\setminus\{x_1\}$

Es kommen wiederum nur zwei prinzipielle Möglichkeiten in Betracht; das Lösungsverfahren aus a) können Sie daher sinngemäß übernehmen.

Musterbeispiele:

① $x^2-6x+9<0$

$$x^2-6x+9=0$$
$$x_{1/2}=\frac{6\pm\sqrt{36-4\cdot 9}}{2}=\frac{6}{2}=3$$

Lösungen der quadratischen Gleichung berechnen

Stichprobe für $x=0$: $9<0$ (f) — Stichprobe

$\mathbb{L}=\emptyset$

② $2x < 1 + x^2$ | Ordnen

$x^2 - 2x + 1 > 0$

$$x^2 - 2x + 1 = 0$$

$$x_{1/2} = \frac{2 \pm \sqrt{4-4}}{2} = 1$$

Lösung der quadratischen Gleichung berechnen

$x = 0$: $0 < 1$ (w) | Stichprobe

$\mathbb{L} = \mathbb{R} \setminus \{1\}$

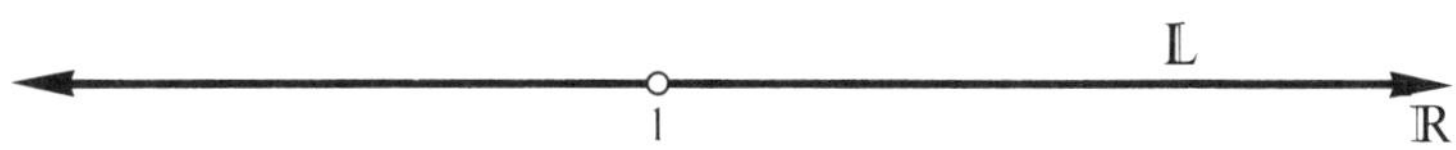

c) Die Gleichung $ax^2 + bx + c = 0$ besitzt keine reelle Lösung:

Die zugehörige Parabel $y = ax^2 + bx + c$ schneidet also die x-Achse nicht; sie liegt daher vollständig oberhalb der x-Achse und ist nach oben geöffnet bzw. vollständig unterhalb der x-Achse und ist nach unten geöffnet:

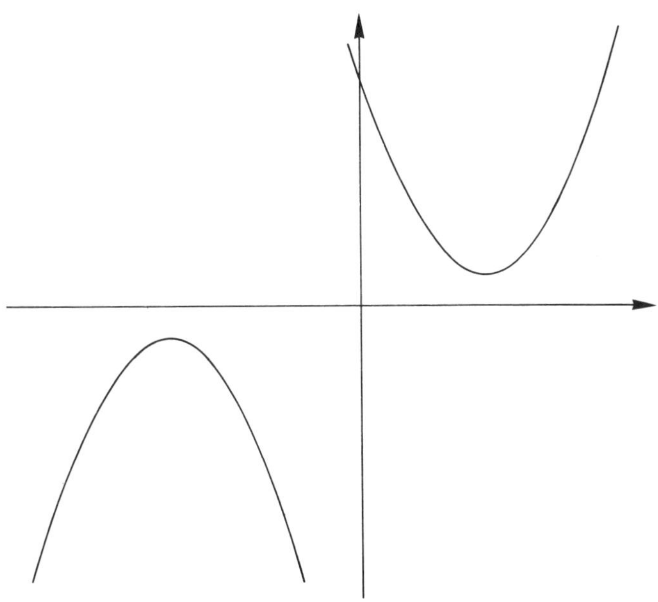

Für die Ungleichungen

$ax^2+bx+c>0$ ($\Leftrightarrow$ „Für welche x liegt die Parabel oberhalb der x-Achse?")

$ax^2+bx+c<0$ ($\Leftrightarrow$ „Für welche x liegt die Parabel unterhalb der x-Achse?")

gibt es daher nur zwei mögliche Lösungsmengen:

$\mathbb{L} = \mathbb{R}$ („Für alle x") oder $\mathbb{L} = \emptyset$ („Für kein x")

Musterbeispiele:

① $x^2-4x+5>0$

$x^2-4x+5=0$

$x_{1/2} = \frac{4 \pm \sqrt{16-20}}{2}$

keine Lösungen! — Lösungen der quadratischen Gleichung berechnen

Stichprobe x=0: 5>0 (w) — Stichprobe

$\mathbb{L} = \mathbb{R}$

② $x^2+2x+2<0$

$x^2+2x+2=0$

$x_{1/2} = \frac{-2 \pm \sqrt{4-8}}{2}$

keine Lösungen! — Lösungen der quadratischen Gleichung berechnen

Stichprobe x=0: 2<0 (f) — Stichprobe

$\mathbb{L} = \emptyset$

d) Zusammenfassung:

Lösen einer quadratischen Ungleichung $ax^2+bx+c \gtrless 0$

1. Berechnen Sie die **Lösung der quadratischen Gleichung** $ax^2+bx+c=0$. Hat sie
   a) 2 Lösungen x_1, x_2 so ist $\mathbb{L} =]x_1, x_2[$ oder $\mathbb{L} = \mathbb{R} \setminus [x_1, x_2]$
   b) 1 Lösung x_1 so ist $\mathbb{L} = \emptyset$ oder $\mathbb{L} = \mathbb{R} \setminus \{x_1\}$
   c) keine Lösung so ist $\mathbb{L} = \emptyset$ oder $\mathbb{L} = \mathbb{R}$
2. Welche der beiden Mengen die Lösungsmenge ist, entscheiden Sie an Hand einer **Stichprobe** mit einem einzelnen x-Wert, den Sie in die Ungleichung einsetzen.
   (**Achtung:** x_1 oder x_2 dürfen Sie **nicht** einsetzen! Setzen Sie, falls möglich, $x=0$ ein!)

Anmerkung: Bei den Ungleichungen mit „$\geq$" und „$\leq$" gehören die Lösungen der quadratischen Gleichung x_1 und x_2 mit zur Lösungsmenge der quadratischen Ungleichung! (siehe (8.1.a) ③ und ④!)
Sie erhalten daher in den drei Fällen die Lösungsmengen

a) $\mathbb{L} = [x_1, x_2]$ oder $\mathbb{L} = \mathbb{R} \setminus]x_1, x_2[$

b) $\mathbb{L} = \{x_1\}$ oder $\mathbb{L} = \mathbb{R}$

c) $\mathbb{L} = \emptyset$ oder $\mathbb{L} = \mathbb{R}$

Aufgaben

1. $x^2-4x+3>0$
2. $x^2-4x+3\geq 0$
3. $x^2-4x+3<0$
4. $x^2-4x+3\leq 0$
5. $4x^2-4x+1<0$
6. $4x^2-4x+1>0$
7. $4x^2-4x+1\geq 0$
8. $4x^2-4x+1\leq 0$
9. $x^2-2x+3>0$
10. $x^2-2x+3\geq 0$
11. $x^2-2x+3<0$
12. $x^2-2x+3\leq 0$
13. $x^2<12x$
14. $x^2\geq 12$
15. $12+x^2<0$
16. $x^2+10x+25<0$
17. $1-x^2\geq -3$
18. $12x<9+4x^2$
19. $4x>x^2+5$
20. $2x+1\geq x^2$

21. $6x-1<x^2$

22. $x(6-x) \geqslant 5$

23. $x^2-3ax+2a^2>0$

24. $x^2+x(a-1)-a \leqslant 0$

25. $x^2+a^2<2ax+b^2$

26. $x^2+a^3 \geqslant x(a+a^2)$

27. $4x^2+a^2>4ax$

28. $3x(4b-3x)>4b^2$

29. $12bx \geqslant 4b^2+9x^2$

30. $x^2+1>a(2x-a)$

8.2 Bruchungleichungen II

Die quadratischen Ungleichungen spielen in vielen Aufgaben eine wichtige Rolle:

a) Für welche $k \in \mathbb{R}$ hat die Gleichung $(kx)^2-k(k-1)x+4=0$ keine Lösung? (siehe (6.6.b) ⑤)

$$D=b^2-4ac<0 \qquad (6.6.a)$$
$$[-k(k-1)]^2-4k^2 \cdot 4<0$$
$$k^2(k-1)^2-16k^2<0$$
$$k^2[(k-1)^2-16]<0$$
$$k^2(k^2-2k-15)<0 \qquad (8.1.a)$$

$k^2>0 \quad \wedge \quad k^2-2k-15<0$

$k^2-2k-15=0$

$k_1=-3 \quad k_2=5$

$k=0: \quad -15<0\,(w)$

$k \neq 0 \quad \wedge \quad k \in]-3, 5[$

$\mathbb{L}_1=]-3, 5[\setminus\{0\}$

oder

$k^2<0 \quad \wedge \quad k^2-2k-15>0$

$k^2<0$ nicht möglich

$\mathbb{L}_2=\emptyset$

$\mathbb{L}=]-3, 5[\setminus\{0\}$

b) Bruchungleichungen

(Das Lösungsprinzip finden Sie unter (4.5).)

① $\frac{6x-37}{2x-3} \leqslant 4-x. \quad |\cdot(2x-3)$ $\qquad \mathbb{D}=\mathbb{R}\setminus\{\frac{3}{2}\}$

Fallunterscheidung nach dem Hauptnenner

$2x-3>0 \Leftrightarrow \underline{\underline{x>\frac{3}{2}}}$:

$6x-37 \leqslant (4-x)(2x-3)$

$6x-37 \leqslant 8x-2x^2-12+3x$

$2x^2-5x-25 \leqslant 0$

$2x^2-5x-25=0$

$x_1=5 \quad x_2=-\frac{5}{2}$

$x=0: \; -25 \leqslant 0 \,(w)$

$x \in [-\frac{5}{2}, 5]$

oder

$2x-3<0 \Leftrightarrow \underline{\underline{x<\frac{3}{2}}}$:

$6x-37 \geqslant (4-x)(2x-3)$

$2x^2-5x-25 \geqslant 0$

$x=0: \; -25 \geqslant 0 \,(f)$

$x \in \mathbb{R}\setminus]-\frac{5}{2}, 5[$

Getrenntes Lösen der einzelnen Ungleichungen in den jeweiligen Bereichen

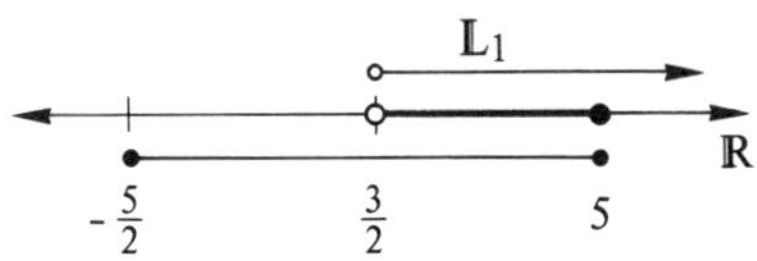

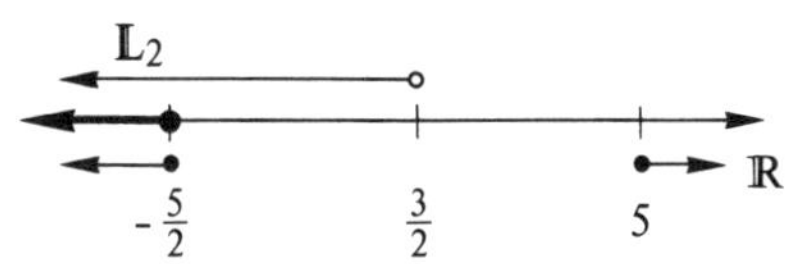

$\mathbb{L}_1=]\frac{3}{2}, 5]$ $\qquad$ | $\qquad$ $\mathbb{L}_2=]-\infty, -\frac{5}{2}]$

$$\underline{\underline{\mathbb{L}=]-\infty, -\tfrac{5}{2}] \cup]\tfrac{3}{2}, 5]}}$$

$\mathbb{L}=\mathbb{L}_1 \cup \mathbb{L}_2$ („oder"!)

② $\frac{2x-3}{x^2-2x}>1 \quad |\cdot(x^2-2x)$ $\qquad \mathbb{D}=\mathbb{R}\setminus\{0, 2\}$

$x^2-2x>0 \Leftrightarrow$

$x^2-2x=0$

$x_1=0 \quad x_2=2$

$x=1: \; -1>0 \,(f)$

$\underline{\underline{x \in \mathbb{R}\setminus[0, 2]}}$:

oder

$x^2-2x<0 \Leftrightarrow$

$x=1: \; -1<0 \,(w)$

$\underline{\underline{x \in]0, 2[}}$:

Fallunterscheidung nach dem Hauptnenner

$2x-3>x^2-2x$

$x^2-4x+3<0$

oder

$2x-3<x^2-2x$

$x^2-4x+3>0$

$x^2-4x+3=0$

$x_1=1 \quad x_2=3$

$x=0:\ 3<0\,(f)$

$x \in]1, 3[$

$x=0:\ 3>0\,(w)$

$x \in \mathbb{R} \setminus [1, 3]$

Getrenntes Lösen der einzelnen Ungleichungen in den jeweiligen Bereichen

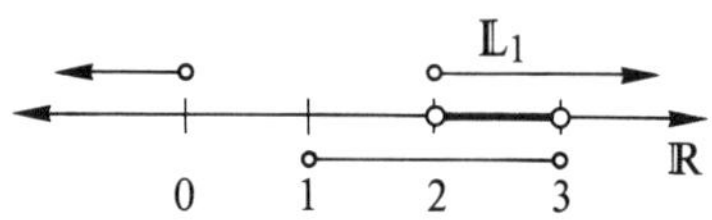

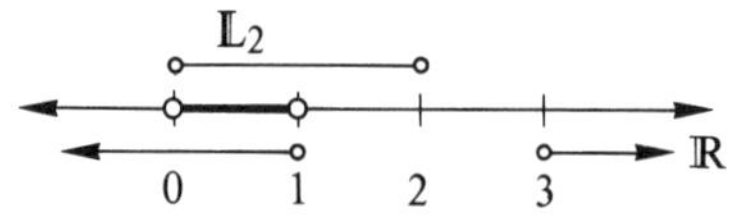

$\mathbb{L}_1 =]2, 3[$

$\mathbb{L}_2 =]0, 1[$

$\mathbb{L} =]0, 1[\cup]2, 3[$

$\mathbb{L} = \mathbb{L}_1 \cup \mathbb{L}_2$ („oder"!)

③ $5 < \dfrac{4x^2-2x}{x^2+x} < 6$

$\mathbb{D} = \mathbb{R} \setminus \{-1, 0\}$ siehe (4.6.c)

$5 < \dfrac{4x^2-2x}{x^2+x} \quad |\cdot(x^2+x)$

und

$\dfrac{4x^2-2x}{x^2+x} < 6 \quad |\cdot(x^2+x)$

Nun wie ②

Linke Ungleichung:

α) $x^2+x>0 \Leftrightarrow$

$x^2+x=0$

$x_1=0 \quad x_2=-1$

$x=1:\ 2>0\,(w)$

$x \in \mathbb{R} \setminus [-1, 0]:$

$5(x^2+x) < 4x^2-2x$

$5x^2+5x < 4x^2-2x$

$x^2+7x<0$

$x^2+7x=0$

$x_1=0 \quad x_2=-7$

$x=1:\ 8<0\,(f)$

$x \in]-7, 0[$

$\mathbb{L}_1 =]-7, -1[$

Rechte Ungleichung:

α) $x^2+x>0 \Leftrightarrow$

$x \in \mathbb{R} \setminus [-1, 0]:$

$4x^2-2x < 6(x^2+x)$

$4x^2-2x < 6x^2+6x$

$0 < x^2+4x$

$x^2+4x=0$

$x_1=0 \quad x_2=-4$

$x=1:\ 0<5\,(w)$

$x \in \mathbb{R} \setminus [-4, 0]$

$\mathbb{L}_1 = \mathbb{R} \setminus [-4, 0]$

β) $x^2+x<0 \Leftrightarrow \underline{\underline{x \in]-1, 0[}}$:

$$5(x^2+x) > 4x^2-2x$$

$$x^2+7x > 0$$

$$x \in \mathbb{R} \setminus [-7, 0]$$

$$\mathbb{L}_2 = \emptyset$$

$$\mathbb{L}^1 = \mathbb{L}_1 \cup \mathbb{L}_2$$

$$\underline{\mathbb{L}^1 =]-7, -1[}$$

β) $x^2+x<0 \Leftrightarrow \underline{\underline{x \in]-1, 0[}}$:

$$4x^2-2x > 6(x^2+x)$$

$$0 > x^2+4x$$

$$x \in]-4, 0[$$

$$\mathbb{L}_2 =]-1, 0[$$

$$\mathbb{L}^2 = \mathbb{L}_1 \cup \mathbb{L}_2$$

$$\underline{\mathbb{L}^2 = \mathbb{R} \setminus [-4, -1] \setminus \{0\}}$$

$$\underline{\underline{\mathbb{L} =]-7, -4[}}$$

$\mathbb{L} = \mathbb{L}^1 \cap \mathbb{L}^2$ („und"!)

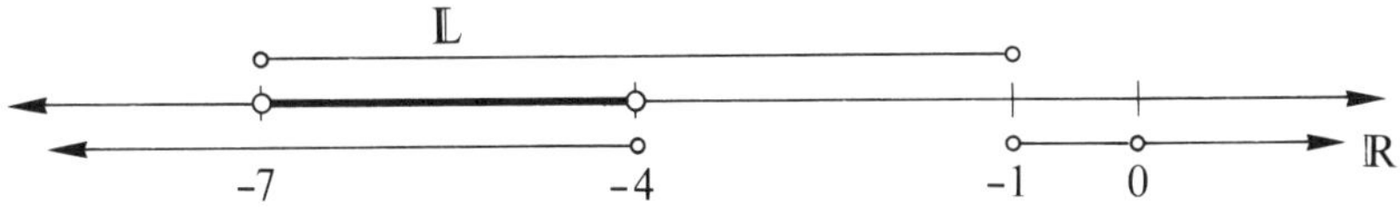

Anmerkung: Für diese Aufgabe wäre eine elegantere Lösung möglich:

$$5 < \frac{x(4x-2)}{x(x+1)} < 6 \quad | \text{ Kürzen für } \mathbf{x \neq 0}$$

$$5 < \frac{4x-2}{x+1} < 6 \qquad \textbf{und } \mathbf{x \neq 0}$$

Diese Doppelungleichung spalten Sie wie eben auf und berechnen sie; allerdings sind sämtliche Terme nun linear (damit wird die Rechnung kürzer und einfacher / Rechnen Sie selbst nach!) – die Lösungsmenge ist natürlich dieselbe.

Aufgaben

1. Für welche Werte $k \in \mathbb{R}$ haben die folgenden Gleichungen die angegebene Zahl von Lösungen?
   a) $x^2-(2k-1)x+1=0$ — 2 Lösungen
   b) $(2k-1)x^2-x-(2k-1)=0$ — keine Lösung
   c) $kx^2-2kx+2=0$ — keine Lösung
   d) $k^2x^2+k^2x-1=0$ — 2 Lösungen

2. Bestimmen Sie die Lösungsmengen:

a) $\frac{x+1}{x} \geqslant x+1$ b) $\frac{x+1}{x} < x+1$

c) $\frac{x^2-9}{3x} < 2x$ d) $\frac{2}{1+x^2} > 1$

e) $\frac{2x}{2+x} < x$ f) $2 < \frac{8}{x^2} < 8$

g) $\frac{x}{x^2-4} < \frac{1}{3}$ h) $2x < \frac{x^2+1}{x} < 2x+2$

8.3 Ungleichungen mit absolutem Betrag

(Lesen Sie sich vorher bitte nochmals den Abschnitt (2.4) durch!)

a) Quadratische Ungleichungen mit einem Betrag

$x^2 - 2|x| + 1 \geqslant 3x + 7$

$$|x| = \begin{cases} x & \text{für } x \geqslant 0 \\ -x & \text{für } x < 0 \end{cases}$$

Fallunterscheidung für den Betrag einsetzen

$$\begin{cases} x^2 - 2x + 1 \geqslant 3x + 7 & \text{für } x \geqslant 0 \\ x^2 + 2x + 1 \geqslant 3x + 7 & \text{für } x < 0 \end{cases}$$

$$\begin{cases} x^2 - 5x - 6 \geqslant 0 & \text{für } x \geqslant 0 \\ x^2 - x - 6 \geqslant 0 & \text{für } x < 0 \end{cases}$$

$x^2 - 5x - 6 = 0$ $x^2 - x - 6 = 0$

$x_1 = 6$ $x_2 = -1$ $x_1 = 3$ $x_2 = -2$

$x = 0$: $-6 \geqslant 0$ (f) $x = 0$: $-6 \geqslant 0$ (f)

$$\begin{cases} x \in \mathbb{R} \setminus]-1, 6[& \text{für } x \geqslant 0 \\ x \in \mathbb{R} \setminus]-2, 3[& \text{für } x < 0 \end{cases}$$

Getrenntes Lösen der beiden quadratischen Ungleichungen in den jeweiligen Bereichen

$$\begin{cases} \mathbb{L}_1 = [6, \infty[\\ \mathbb{L}_2 =]-\infty, -2] \end{cases}$$

$$\underline{\underline{\mathbb{L} = \mathbb{R} \setminus]-2, 6[}}$$

$\mathbb{L} = \mathbb{L}_1 \cup \mathbb{L}_2$

b) Quadratische Ungleichungen mit mehreren Beträgen

(siehe auch (2.5))

$$x^2-4|x|+4<|x-2|$$

$$|x|=\begin{cases} x & \text{für } x\geqslant 0\\ -x & \text{für } x<0\end{cases} \qquad |x-2|=\begin{cases} x-2 & \text{für } x\geqslant 2\\ -x+2 & \text{für } x<2\end{cases}$$

Fallunterscheidungen für die Beträge einsetzen

$$\begin{cases} x^2+4x+4<-x+2 & \text{für } x<0\\ x^2-4x+4<-x+2 & \text{für } 0\leqslant x<2\\ x^2-4x+4<x-2 & \text{für } x\geqslant 2\end{cases}$$

$$\begin{cases} x^2+5x+2<0 & \text{für } x<0\\ x^2-3x+2<0 & \text{für } 0\leqslant x<2\\ x^2-5x+6<0 & \text{für } x\geqslant 2\end{cases}$$

$x^2+5x+2=0$	$x^2-3x+2=0$	$x^2-5x+6=0$
$x_{1/2}=\frac{-5\pm\sqrt{17}}{2}$	$x_1=1 \quad x_2=2$	$x_1=2 \quad x_2=3$
$x=-\frac{5}{2}:\ \frac{25}{4}-\frac{25}{2}+2<0$ (w)	$x=0$: $2<0$ (f)	$x=0$: $6<0$ (f)

$$\begin{cases} x\in\left]\frac{-5-\sqrt{17}}{2},\frac{-5+\sqrt{17}}{2}\right[& \text{für } x<0\\ x\in\,]1,2[& \text{für } 0\leqslant x<2\\ x\in\,]2,3[& \text{für } x\geqslant 2\end{cases}$$

$$\begin{cases} \mathbb{L}_1=\left]\frac{-5-\sqrt{17}}{2},\frac{-5+\sqrt{17}}{2}\right[\\ \mathbb{L}_2=\,]1,2[\\ \mathbb{L}_3=\,]2,3[\end{cases}$$

Getrenntes Lösen der drei Ungleichungen in den jeweiligen Bereichen

$$\mathbb{L}=\left]\frac{-5-\sqrt{17}}{2},\frac{-5+\sqrt{17}}{2}\right[\cup\,]1,3[\setminus\{2\}$$

$\mathbb{L}=\mathbb{L}_1\cup\mathbb{L}_2\cup\mathbb{L}_3$

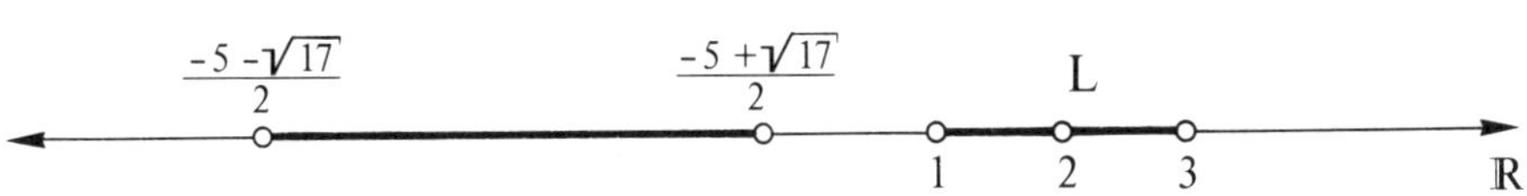

c) Bruchungleichungen mit Beträgen

(siehe auch (4.6.a))

① $\left|\dfrac{4x-2}{x+1}\right| \geqslant 2-x \qquad \mathbb{D}=\mathbb{R}\setminus\{-1\}$

Betrag teilen

$$\frac{|4x-2|}{|x+1|} \geqslant 2-x \quad \Big|\cdot|x+1|$$

$$|4x-2| \geqslant (2-x)\,|x+1|$$

Multiplikation mit dem Betrag des Hauptnenners

$$|4x-2| = \begin{cases} 4x-2 & \text{für} \quad x \geqslant \frac{1}{2} \\ -4x+2 & \text{für} \quad x < \frac{1}{2} \end{cases}$$

$$|x+1| = \begin{cases} x+1 & \text{für} \quad x > -1 \\ -x-1 & \text{für} \quad x < -1 \end{cases}$$

$$(x \neq -1, \text{ da } -1 \notin \mathbb{D}!)$$

$$\begin{cases} -4x+2 \geqslant (2-x)(-x-1) & \text{für} \quad x<-1 \\ -4x+2 \geqslant (2-x)(x+1) & \text{für} \quad -1<x<\frac{1}{2} \\ 4x-2 \geqslant (2-x)(x+1) & \text{für} \quad x\geqslant\frac{1}{2} \end{cases}$$

Fallunterscheidungen für die Beträge einsetzen

$$\begin{cases} -4x+2 \geqslant -2x+x^2-2+x & \text{für} \quad x<-1 \\ -4x+2 \geqslant 2x-x^2+2-x & \text{für} \quad -1<x<\frac{1}{2} \\ 4x-2 \geqslant 2x-x^2+2-x & \text{für} \quad x\geqslant\frac{1}{2} \end{cases}$$

$$\begin{cases} 0 \geqslant x^2+3x-4 & \text{für} \quad x<-1 \\ x^2-5x \geqslant 0 & \text{für} \quad -1<x<\frac{1}{2} \\ x^2+3x-4 \geqslant 0 & \text{für} \quad x\geqslant\frac{1}{2} \end{cases}$$

Getrenntes Lösen der drei Ungleichungen in den jeweiligen Bereichen

$x^2+3x-4=0$	$x^2-5x=0$
$x_1=-4 \quad x_2=1$	$x_1=0 \quad x_2=5$
$x=0{:}\quad 0\geqslant -4$ (w)	$x=1{:}\ -4\geqslant 0$ (f)
$-4\geqslant 0$ (f)	

$$\begin{cases} x\in[-4,\,1] & \text{für} \quad x<-1 \\ x\in\mathbb{R}\setminus]0,\,5[& \text{für} \quad -1<x<\frac{1}{2} \\ x\in\mathbb{R}\setminus]-4,\,1[& \text{für} \quad x\geqslant\frac{1}{2} \end{cases}$$

$$\begin{cases} \mathbb{L}_1=[-4,\,-1[\\ \mathbb{L}_2=]-1,\,0] \\ \mathbb{L}_3=[1,\,\infty[\end{cases}$$

$$\mathbb{L}=[-4,\,0]\cup[1,\,\infty[\setminus\{-1\}$$

$\mathbb{L}=\mathbb{L}_1\cup\mathbb{L}_2\cup\mathbb{L}_3$

② $\frac{|4x-2|}{x+1} \geq 2-x \quad |\cdot(x+1)$ $\qquad \mathbb{D}=\mathbb{R}\setminus\{-1\}$ (siehe (4.5)/(4.6.a))

Multiplikation mit Hauptnenner (2 Fälle!)

$x+1>0 \Leftrightarrow x>-1$:

$|4x-2| \geq (2-x)(x+1)$

$|4x-2| \geq -x^2+x+2$

oder

$x+1<0 \Leftrightarrow x<-1$:

$|4x-2| \leq (2-x)(x+1)$

$|4x-2| \leq -x^2+x+2$

Fallunterscheidung einsetzen

$$|4x-2| = \begin{cases} 4x-2 & \text{für } x \geq \frac{1}{2} \\ -4x+2 & \text{für } x < \frac{1}{2} \end{cases}$$

Fall $x>-1$:

$$\begin{cases} 4x-2 \geq -x^2+x+2 & \text{für } x \geq \frac{1}{2} \\ -4x+2 \geq -x^2+x+2 & \text{für } x < \frac{1}{2} \end{cases}$$

$$\begin{cases} x^2+3x-4 \geq 0 & \text{für } x \in [\frac{1}{2}, \infty[\\ x^2-5x \geq 0 & \text{für } x \in]-1, \frac{1}{2}[\end{cases}$$

Fall $x<-1$:

$$\begin{cases} 4x-2 \leq -x^2+x+2 & \text{für } x \geq \frac{1}{2} \\ -4x+2 \leq -x^2+x+2 & \text{für } x < \frac{1}{2} \end{cases}$$

$$\begin{cases} x^2+3x-4 \leq 0 & \text{für } x \in \emptyset \\ x^2-5x \leq 0 & \text{für } x \in]-\infty, -1[\end{cases}$$

Getrenntes Lösen der einzelnen Fälle

$x^2+3x-4=0$

$x_1=-4 \quad x_2=1$

$x=0$: $\quad -4 \geq 0$ (f)

$\qquad -4 \leq 0$ (w)

$x^2-5x=0$

$x_1=0 \quad x_2=5$

$x=1$: $\quad -4 \geq 0$ (f)

$\qquad -4 \leq 0$ (w)

Fall $x>-1$:

$$\begin{cases} x \in \mathbb{R}\setminus]-4, 1[& \text{für } x \in [\frac{1}{2}, \infty[\\ x \in \mathbb{R}\setminus]0, 5[& \text{für } x \in]-1, \frac{1}{2}[\end{cases}$$

$$\begin{cases} \mathbb{L}_1 = [1, \infty[\\ \mathbb{L}_2 =]-1, 0] \end{cases}$$

$\mathbb{L}^1 = \mathbb{L}_1 \cup \mathbb{L}_2$

$\mathbb{L}^1 =]-1, \infty[\setminus]0, 1[$

Fall $x<-1$:

$$\begin{cases} \mathbb{L}_1 = \emptyset \\ x \in [0, 5] & \text{für } x \in]-\infty, -1[\end{cases}$$

$$\begin{cases} \mathbb{L}_1 = \emptyset \\ \mathbb{L}_2 = \emptyset \end{cases}$$

$\mathbb{L}^2 = \mathbb{L}_1 \cup \mathbb{L}_2$

$\mathbb{L}^2 = \emptyset$

$\mathbb{L} = \mathbb{L}^1 \cup \mathbb{L}^2$ („oder"!)

$$\mathbb{L} =]-1, \infty[\setminus]0, 1[$$

d) Vielleicht ist es für Sie nun etwas schwierig, sich in einem derartigen Fallunterscheidungsgewirr noch zurechtzufinden und die Lösungsmengen richtig zu bestimmen; es gibt hierfür eine ganz einfache Regel:

> Wenn zwei Aussageformen A und B die Lösungsmengen $\mathbb{L}_A$ und $\mathbb{L}_B$ besitzen, so hat
>
> a) die Aussageform „A oder B" **(A ∨ B)** die Lösungsmenge
>
> $$\mathbb{L}_{A \vee B} = \mathbb{L}_A \cup \mathbb{L}_B$$
>
> b) die Aussageform „A und B" **(A ∧ B)** die Lösungsmenge
>
> $$\mathbb{L}_{A \wedge B} = \mathbb{L}_A \cap \mathbb{L}_B$$

Untersuchen Sie bei einer Fallunterscheidung also nur genau, ob die beiden Aussageformen (Gleichungen, Ungleichungen, Fälle, ...) mit „und" oder mit „oder" verknüpft sind; die richtige Lösungsmenge ergibt sich dann von selbst.
(Sehen Sie sich die Aufgaben unter a) bis c) unter diesem Gesichtspunkt nochmals an!)

Aufgaben

1. $x^2 - 2|x| + 1 < 1$
2. $x^2 - 2|x| + 1 \leq x$
3. $|4 - x^2| > 3$
4. $|4 - x^2| < x - 2$
5. $|x^2 - 4x| \leq 2x$
6. $|4 + 2x - x^2| < 1$
7. $|1 + 6x - 2x^2| > x + 3$
8. $|x^2 - 6x + 6{,}5| \leq 1{,}5$
9. $|x^2 - 6x + 6{,}5| > |x - 3{,}5|$
10. $|x^2 - 8x + 12| + 2 \leq |x - 4|$
11. $\left|\frac{3x}{x^2 - 4}\right| \leq 1$
12. $\left|\frac{3x}{x^2 - 4}\right| < \frac{1}{x}$
13. $-1 < \frac{3|x|}{x^2 - 4} < 1$
14. $\frac{3|x|}{x^2 - 4} < \frac{1}{x}$

Training Gleichungslehre

11. Schuljahr
Lösungsheft mit Lösungswegen

Von Jürgen Handke

Ernst Klett Verlag für Wissen und Bildung
Stuttgart · Dresden

Inhalt

Die Seiten des Arbeitsbuches sind oben auf den Seiten dieses Heftes jeweils vermerkt, so daß die Lösungen schnell aufgefunden werden können.

Satz: Zechnersche Buchdruckerei, Speyer
Druck: Wilhelm Röck, Weinsberg
Beilage zu 3-12-922004-6

Lösungen

1 Lineare Gleichungen und Ungleichungen

1.1 1. a) $\{5\}$ / $\emptyset$ / $\emptyset$ ($\frac{3}{2}$ ist keine nat. Zahl: $\frac{3}{2} \notin \mathbb{N}$!)
b) $\{1, 2, 3\}$ / $\{1, 2\}$ / $\{1, 2, 4, 5, \ldots\}$ / $\{1, 2, 3, 4\}$ / $\{1, 2, 3\}$

2. a) $\{5\}$ / $\emptyset$ / $\emptyset$
b) $\{3, 2, 1, 0, -1, \ldots\}$ / $\{2, 1, 0, -1, \ldots\}$ / $\{\ldots, -1, 0, 1, 2, 4, 5, \ldots\}$ / $\{4, 3, 2, 1, 0, -1, \ldots\}$ / $\{3, 2, 1, 0, -1, \ldots\}$

1.2 a)

$x+2=7$	$\{5\}$	$x+2<7$	$\{1, 2, 3, 4\}$	$x+2 \geqslant 7$	$\{5, 6, 7, \ldots\}$
$x+6=11$	$\{5\}$	$x+6<11$	$\{1, 2, 3, 4\}$	$x+6 \geqslant 11$	$\{5, 6, 7, \ldots\}$
$x=5$	$\{5\}$	$x<5$	$\{1, 2, 3, 4\}$	$x \geqslant 5$	$\{5, 6, 7, \ldots\}$
$2=7-x$	$\{5\}$	$2<7-x$	$\{1, 2, 3, 4\}$	$2 \geqslant 7-x$	$\{5, 6, 7, \ldots\}$
$5=10-x$	$\{5\}$	$5<10-x$	$\{1, 2, 3, 4\}$	$5 \geqslant 10-x$	$\{5, 6, 7, \ldots\}$

Die Lösungsmengen bleiben gleich.

d) $-15a \geqslant -15a$ (w)

1. $\{17\}$ 2. $\{0, -1, -2, \ldots\}$ 3. $\{-7, -8, -9, \ldots\}$ 4. $\{-4, -5, -6, \ldots\}$
5. $-3 \neq 1$ (w): $\mathbb{Z}$ (siehe (1.1.d)) 6. $-5 < -7$ (f): $\emptyset$ (siehe (1.1.d))
7. $\{17a\}$ (wie 1.) 8. $\{0, -1, -2, \ldots\}$ (wie 2.) 9. $x \leqslant b$: $\{b, b-1, b-2, \ldots\}$
10. $a \neq 0$: Falls $a=0$ gewählt wurde, erhält man eine falsche Aussage: $\mathbb{L}=\emptyset$
Falls $a \neq 0$ gewählt wurde, erhält man eine wahre Aussage: $\mathbb{L}=\mathbb{Z}$
(siehe (1.1.d)

1.3 b) Produkt und Quotient zweier Zahlen mit gleichen (verschiedenen) Vorzeichen sind positiv (negativ).

1. $\frac{1/2}{-8} = -\frac{1}{16}$ / $\frac{0}{-6} = 0$ / $\frac{-1/2}{-4} = \frac{1}{8}$ / $\frac{-1}{-2} = \frac{1}{2}$ / $\frac{-3/2}{0}$ nicht definiert!
$\frac{-2}{2} = -1$ / $\frac{-5/2}{4} = -\frac{5}{8}$

2. a) $\{x < -\frac{15}{4}\}_{\mathbb{Q}}$ b) $\{x < -2\}_{\mathbb{Q}}$ c) $1 \neq -1$ (w): $\mathbb{Q}$
d) $\{x > 2a\}_{\mathbb{Q}}$ e) $\{3-3a\}$ f) $\{\frac{3}{2}\}$

1.4 a) 27/27 21/21 13/13 19/19
Einnahmen 4,— DM und 3,— DM / Einnahme 4,— DM, Ausgabe 3,— DM
4,— DM ausgegeben, 3,— DM erhalten (links dabei 1,— DM Schulden gemacht!)
(Vorzeichen) bleiben / (Vorzeichen) wechseln

b) 1. $4=7$ (f): $\emptyset$ 2. $5>3$ (w): $\mathbb{Q}$ 3. $\{x < -\frac{4}{11}\}_{\mathbb{Q}}$ 4. $\{0\}$
5. $\{x \neq -a\}_{\mathbb{Q}}$ 6. $-8<b$: Für $b>-8$: $\mathbb{Q}$ / Für $b \leqslant -8$: $\emptyset$ (siehe (1.2) 10.)

c) $3 \cdot (2+5) = 3 \cdot 2 + 3 \cdot 5$; Gesamtrechteck = Summe der Teilrechtecke

e) 1. $\{x > -3\}_{\mathbb{Q}}$ 2. $16=20$ (f): $\emptyset$ 3. $\{x \geqslant -3\}_{\mathbb{Q}}$
4. $\{x < -a\}_{\mathbb{Q}}$ 5. $\{6a\}$ 6. $\{x \neq \frac{20}{3}\}_{\mathbb{Q}}$

1.5 a)

$3x+6=21$:	$\{5\}$	$3x+6<21$:	$\{1, 2, 3, 4\}$	$3x+6\geqq 21$:	$\{5, 6, 7, \ldots\}$
$\frac{x}{2}+1=\frac{7}{2}$:	$\{5\}$	$\frac{x}{2}+1<\frac{7}{2}$:	$\{1, 2, 3, 4\}$	$\frac{x}{2}+1\geqq\frac{7}{2}$:	$\{5, 6, 7, \ldots\}$
$-3x-6=-21$:	$\{5\}$	$-3x-6<-21$:	$\{6, 7, 8, \ldots\}$	$-3x-6\geqq -21$:	$\{1, 2, 3, 4, 5\}$
—		$-3x-6>-21$:	$\{1, 2, 3, 4\}$	$-3x-6\leqq -21$:	$\{5, 6, 7, \ldots\}$
$-\frac{x}{2}-1=-\frac{7}{2}$:	$\{5\}$	$-\frac{x}{2}-1<-\frac{7}{2}$:	$\{6, 7, 8, \ldots\}$	$-\frac{x}{2}-1\geqq -\frac{7}{2}$:	$\{1, 2, 3, 4, 5\}$
—		$-\frac{x}{2}-1>-\frac{7}{2}$:	$\{1, 2, 3, 4\}$	$-\frac{x}{2}-1\leqq -\frac{7}{2}$:	$\{5, 6, 7, \ldots\}$
$0=0$ (w):	$\mathbb{N}$	$0<0$ (f):	$\emptyset$	$0\geqq 0$ (w):	$\mathbb{N}$

Lösungsmenge		
	bleibt	bleibt
	ändert sich	ändert sich
	bleibt	ändert sich*

* Die Ungleichung mit umgekehrtem Ungleichheitszeichen hat dieselbe Lösungsmenge; man kehre also in diesem Fall das Zeichen um.

1. $\{12\}$	2. $\{x<8\}_{\mathbb{Q}}$	3. $\{x\neq -2\}_{\mathbb{Q}}$	4. $\{x\geqq -\frac{2}{3}\}_{\mathbb{Q}}$
5. $\{x\geqq -\frac{1}{2}\}_{\mathbb{Q}}$	6. $\{x>7a\}_{\mathbb{Q}}$	7. $\{x<-2b\}_{\mathbb{Q}}$	8. $\{\frac{3}{2}a-5\}$
9. $\{x<2b\}_{\mathbb{Q}}$	10. $-5>-4$ (f): $\emptyset$	11. $\{\frac{1}{3}-a\}$	12. $\{x\geqq 2a-3c\}_{\mathbb{Q}}$
13. $\{x<\frac{1}{3}\}_{\mathbb{Q}}$	14. $\{x\neq\frac{5}{9}\}_{\mathbb{Q}}$	15. $\{x\geqq -\frac{1}{6}a\}_{\mathbb{Q}}$	16. Falls $a>-1$: (w): $\mathbb{Q}$ Falls $a\leqq -1$: (f): $\emptyset$

1.6 1. $15000\leqq 213\cdot 17+257\cdot 43+x\cdot 43$

$x\geqq 7{,}63$ — Mindestens 8 neue aktive Mitglieder

2. $40+3x>50+1{,}5x$

$x>\frac{20}{3}$ — In 7 Jahren; Beiträge dann 61,— bzw. 60,50 DM

3. a) $1000+25x\geqq 33x$

$x\leqq 125$ — Höchstens 125 Gäste

b) $1000+200x\geqq 200\cdot 33$

$x\geqq 28$ — Sie müssen mindestens 28,— DM verlangen (Kommen weniger Gäste, verdienen Sie sogar an dieser Pauschale (Nachrechnen!))

c) $1000+200x-150\geqq 200\cdot 33$

$x\geqq 28{,}75$ — Mindestens 28,75 DM

4. Nüsse am Anfang: x

Erster erhält: $\frac{x}{2}+1$

Bleibt: $x-\left(\frac{x}{2}+1\right)=\frac{x}{2}-1$

Zweiter erhält: $\frac{\frac{x}{2}-1}{2}+1=\frac{x}{4}+\frac{1}{2}$

Bleibt: $\left(\frac{x}{2}-1\right)-\left(\frac{x}{4}+\frac{1}{2}\right)=\frac{x}{4}-\frac{3}{2}$

Dritter erhält: $\frac{\frac{x}{4}-\frac{3}{2}}{2}+10$

Rest: 0

$$\frac{x}{4}-\frac{3}{2}=\frac{\frac{x}{4}-\frac{3}{2}}{2}+10$$

$x=86$ 86 Nüsse waren es am Anfang.

2 Lineare Gleichungen und Ungleichungen mit Absolutbetrag

2.1 1. $\{-1, 0, 1\}$ 2. $\{\pm 4, \pm 5, \pm 6, \ldots\}$ 3. $\mathbb{Z}\setminus\{0\}$ 4. $\{-9, 5\}$
5. $\{4, 5, \ldots, 10\}$ 6. $\{-6, -5, -4\}$ 7. $\{2\}$ 8. $\emptyset$
9. $\emptyset$ ($\frac{3}{2}\notin\mathbb{Z}$!) 10. $\{\ldots, -5, -4, -3, 8, 9, 10, \ldots\}$

2.2 a) $5/5/-1$ $1/5/1$ $5/5/-5$

b) Überall 6 bzw. $\frac{2}{3}$

③ $|a|^3=|a^3|\neq a^3$ (Vorsicht bei $a<0$!)
$|a|^4=|a^4|=a^4$

c) 1. a) $\frac{2}{3}|x|$ b) $\frac{4}{3}|x|$
c) $|x-1|$ d) $2|x-1|$
e) $\frac{2}{3}|x-1|$ f) $\frac{2}{3}\cdot x^2$
g) $4x^2|x-1|$ h) $\frac{3}{4}(x-1)^2|x^3|$

2. $a=1$: $|x|=1$ ($\mathbb{L}=\{\pm 1\}$), $x=1$ ($\mathbb{L}=\{1\}$)
$a=0$: $|x|=0$ ($\mathbb{L}=\{0\}$), $x=0$ ($\mathbb{L}=\{0\}$)
$a=-1$: $|x|=1$ ($\mathbb{L}=\{\pm 1\}$), $x=-1$ ($\mathbb{L}=\{-1\}$)

3. $a=2$: $|x|=2$, $x^2=4$ ($\mathbb{L}=\{\pm 2\}$)
$a=0$: $|x|=0$, $x^2=0$ ($\mathbb{L}=\{0\}$)
$a=-2$: $|x|=2$, $x^2=4$ ($\mathbb{L}=\{\pm 2\}$)

2.3 b) 2/5/7 · 0 2/5/7

Setzen Sie ein weiteres Minuszeichen vor die negative Zahl.

1. $\begin{cases} 3x & \text{für } x \geqslant 0 \\ -3x & \text{für } x < 0 \end{cases}$

2. $\begin{cases} -4a & \text{für } -4a \geqslant 0 \Leftrightarrow a \leqslant 0 \\ 4a & \text{für } -4a < 0 \Leftrightarrow a > 0 \end{cases}$

3. $\begin{cases} x+2 & \text{für } x \geqslant -2 \\ -x-2 & \text{für } x < -2 \end{cases}$

4. $\begin{cases} 2x-6 & \text{für } x \geqslant 3 \\ -2x+6 & \text{für } x < 3 \end{cases}$

5. wie 4.

6. $\begin{cases} -3x+5 & \text{für } x \leqslant \frac{5}{3} \\ 3x-5 & \text{für } x > \frac{5}{3} \end{cases}$

7. $\begin{cases} -3x-15 & \text{für } x \leqslant -5 \\ 3x+15 & \text{für } x > -5 \end{cases}$

8. $\begin{cases} 3x-2 & \text{für } x \geqslant \frac{2}{3} \\ -3x+2 & \text{für } x < \frac{2}{3} \end{cases}$

9. $\begin{cases} 2x+1 & \text{für } x \geqslant -\frac{1}{2} \\ -2x-1 & \text{für } x < -\frac{1}{2} \end{cases}$

10. $\begin{cases} \dfrac{1}{a-1} & \text{für } a > 1 \\ \dfrac{1}{1-a} & \text{für } a < 1 \end{cases}$

2.4
1. $\{3\}$ / $\{-3\}$ $\mathbb{L} = \{-3, 3\}$
2. $\{1\}$ / $\{-\frac{1}{3}\}$ $\mathbb{L} = \{-\frac{1}{3}, 1\}$
3. $\{0 \leqslant x < 1\}_{\mathbb{Q}}$ / $\{-3 < x < 0\}_{\mathbb{Q}}$ $\mathbb{L} = \{-3 < x < 1\}_{\mathbb{Q}}$
4. $\{x > \frac{7}{3}\}_{\mathbb{Q}}$ / $\{x < -7\}_{\mathbb{Q}}$ $\mathbb{L} = \mathbb{Q} \setminus \{-7 \leqslant x \leqslant \frac{7}{3}\}_{\mathbb{Q}}$
5. $\{3 \leqslant x < 5\}_{\mathbb{Q}}$ / $\{1 < x < 3\}_{\mathbb{Q}}$ $\mathbb{L} = \{1 < x < 5\}_{\mathbb{Q}}$
6. $\{1 \leqslant x \leqslant 3\}_{\mathbb{Q}}$ / $\{3 \leqslant x \leqslant 5\}_{\mathbb{Q}}$ $\mathbb{L} = \{1 \leqslant x \leqslant 5\}_{\mathbb{Q}}$
7. $\{x \leqslant -4\}_{\mathbb{Q}}$ / $\{x \geqslant 6\}_{\mathbb{Q}}$ $\mathbb{L} = \mathbb{Q} \setminus \{-4 < x < 6\}_{\mathbb{Q}}$
8. $\{x \leqslant \frac{1}{2}\}_{\mathbb{Q}} \setminus \{-1\}$ / $\{x > \frac{1}{2}\}_{\mathbb{Q}} \setminus \{2\}$ $\mathbb{L} = \mathbb{Q} \setminus \{-1, 2\}$
9. $\{1 \leqslant x \leqslant \frac{5}{3}\}_{\mathbb{Q}}$ / $\{-1 \leqslant x < 1\}_{\mathbb{Q}}$ $\mathbb{L} = \{-1 \leqslant x \leqslant \frac{5}{3}\}_{\mathbb{Q}}$
10. $\{1\}$ / $\{x < 1\}_{\mathbb{Q}}$ $\mathbb{L} = \{x \leqslant 1\}_{\mathbb{Q}}$
11. $\{-2 \leqslant x < \frac{2}{3}\}_{\mathbb{Q}}$ / $\{x < -2\}_{\mathbb{Q}}$ $\mathbb{L} = \{x < \frac{2}{3}\}_{\mathbb{Q}}$
12. $\{x > 1\}_{\mathbb{Q}}$ / $\{x < -3\}_{\mathbb{Q}}$ $\mathbb{L} = \mathbb{Q} \setminus \{-3 \leqslant x \leqslant 1\}_{\mathbb{Q}}$
13. $\emptyset$ / $\{x > -1\}_{\mathbb{Q}}$ $\mathbb{L} = \{x > -1\}_{\mathbb{Q}}$
14. $\{0\}$ / $\{-\frac{4}{3}\}$ $\mathbb{L} = \{-\frac{4}{3}, 0\}$
15. $\{0 < x \leqslant 1\}_{\mathbb{Q}}$ / $\{1 < x < \frac{12}{7}\}_{\mathbb{Q}}$ $\mathbb{L} = \{0 < x < \frac{12}{7}\}_{\mathbb{Q}}$
16. $\emptyset$ / $\{\frac{4}{3}\}$ $\mathbb{L} = \{\frac{4}{3}\}$

2.5
1. $\emptyset$ / $\{2 \leqslant x < 3\}_{\mathbb{Q}}$ / $\{3 \leqslant x \leqslant 4\}_{\mathbb{Q}}$ $\mathbb{L} = \{2 \leqslant x \leqslant 4\}_{\mathbb{Q}}$
2. $\{x \geqslant 2\}_{\mathbb{Q}}$ / $\{x < 2\}_{\mathbb{Q}}$ $\mathbb{L} = \mathbb{Q}$
3. $\{0\}$ / $\{\frac{4}{5}\}$ / $\emptyset$ $\mathbb{L} = \{0, \frac{4}{5}\}$
4. $\{0 < x \leqslant \frac{2}{3}\}_{\mathbb{Q}}$ / $\{\frac{2}{3} < x < \frac{4}{3}\}_{\mathbb{Q}}$ / $\{x > 2\}_{\mathbb{Q}}$ $\mathbb{L} = \{0 < x < \frac{4}{3}\}_{\mathbb{Q}} \cup \{x > 2\}_{\mathbb{Q}}$

3 Binomische Formeln

3.1 1. a) x^2-x-6 b) $6+x-x^2$
c) x^2-a^2 d) $a^2+2ab+b^2$
e) a^3+b^3 f) x^4-1

2. a) $\{11\}$ b) $\mathbb{Q}\setminus\{\frac{1}{3}\}$
c) $\{x<-2\}_{\mathbb{Q}}$ d) $0>0$ (f): $\emptyset$

3. Zahlen: x und x+7; 2 Möglichkeiten:
$x(x+7)=(x-3)\cdot[(x+7)+4]$ / $x(x+7)=(x+4)\cdot[(x+7)-3]$
$x=33$ $x=-16$
Zahlen: 33/40 bzw. $-16/-9$

3.2 a) $(a+b)^2=a^2+2ab+b^2$ / $(a-b)^2=a^2-2ab+b^2$ / $(a+b)(a-b)=a^2-b^2$

1. a) $81x^4-882a^2x^2+2401a^4$ b) wie a)
c) $-24bx^4+9b^2x^3+64x^3-24bx^2$ d) 0
e) a^2+12 f) $x^2+2xy+y^2-a^2$
g) $a^2-b^2-2bc-c^2$ h) a^2+4a-b^2-6b-5

2. a) $(2x+3y)^2$ b) $a(2a-3b)^2$
c) $a^2(4a^2+12ab-9b^2)$ d) $-a^2b^3(5a-4b)^2$
e) $(x^2+4)(x+2)(x-2)$ f) $(b+c)\ (a+1)$
g) $(a+b)(a^2-ab+b^2)(a-b)(a^2+ab+b^2)$ h) —

3. a) $\{x\leqslant 3\}_{\mathbb{Q}}$ b) $\mathbb{Q}\setminus\{10\}$
c) $\{x>-4\}_{\mathbb{Q}}$ d) $\{x\leqslant\frac{5}{2}\}_{\mathbb{Q}}$
e) $6<-18$ (f): $\emptyset$

4 Bruch(un-)gleichungen

4.1 a) $\mathbb{Q}\setminus\{-3\}$ b) $\mathbb{Q}\setminus\{-1, 1\}$
c) $\mathbb{Q}\setminus\{2\}$ d) $\mathbb{Q}\setminus\{-3, 3\}$
e) $\mathbb{Q}\setminus\{-\frac{3}{2}\}$ f) $\mathbb{Q}\setminus\{-a\}$
g) $\mathbb{Q}\setminus\{-a, a\}$ h) $\mathbb{Q}\setminus\left\{\frac{3a}{2}\right\},\ a\neq 0$
i) $\emptyset$

4.2 1. $\frac{x}{x+1}$ $\mathbb{D}=\mathbb{Q}\setminus\{-1\}$ 2. 0 $\mathbb{D}=\mathbb{Q}\setminus\{-1, 1\}$

3. $\frac{bx}{x^3-b^3}$ $\mathbb{D}=\mathbb{Q}\setminus\{b\}$ 4. $\frac{1-x}{1+x}$ $\mathbb{D}=\mathbb{Q}\setminus\{-2, -1, 2\}$

5. 1 $\mathbb{D}=\mathbb{Q}\setminus\{\pm 5, \pm\frac{2}{3}\}$ 6. $\frac{x+1}{x-1}$ $\mathbb{D}=\mathbb{Q}\setminus\{1, 0\}$

7. $\frac{a}{x}$ $\mathbb{D}=\mathbb{Q}\setminus\{0, a\},\ a\neq 0$ 8. $-\frac{x}{x^2-b^2}$ $\mathbb{D}=\mathbb{Q}\setminus\{-b, b\},\ b\neq 0$

4.3 1. $\{3\}$
2. $\emptyset$
3. $\{-1\}$
4. $\mathbb{Q}\setminus\{3\}$
5. $\emptyset$
6. $\mathbb{Q}\setminus\{\pm\frac{3}{2}\}$ $(=\mathbb{D})$
7. $\{\frac{1}{4}\}$
8. $\{8\}$

4.4 1. $a=0$: $\mathbb{L}=\emptyset$; $a\neq 0$: $\mathbb{L}=\{2a\}$
2. $b=0$: $\mathbb{L}=\mathbb{Q}\setminus\{0\}$; $b\neq 0$: $\mathbb{L}=\emptyset$
3. $a=0$: $\mathbb{L}=\emptyset$; $b=0$: $\mathbb{L}=\emptyset$; $a=-b$: $\mathbb{L}=\emptyset$; sonst: $\mathbb{L}=\left\{\frac{ab}{a+b}\right\}$
4. $a=0$: $\mathbb{L}=\emptyset$; $b=0$: $\mathbb{L}=\emptyset$; $a=b$: $\mathbb{L}=\emptyset$; sonst: $\mathbb{L}=\left\{\frac{ab}{b-a}\right\}$
5. $b=1$: $\mathbb{L}=\emptyset$; sonst: $\mathbb{L}=\left\{\frac{1}{b-1}\right\}$
6. $b=0$: $\mathbb{L}=\mathbb{Q}\setminus\{0\}$; $b\neq 0$: $\mathbb{L}=\emptyset$

4.5 1. $\mathbb{Q}\setminus\{0\leq x\leq 1\}_{\mathbb{Q}}$
2. $\{1<x\leq 3\}_{\mathbb{Q}}$
3. $\{x<1\}_{\mathbb{Q}}$
4. $\{4<x<5\}_{\mathbb{Q}}$
5. $\mathbb{Q}\setminus\{0\}$
6. $\{x>-1\}_{\mathbb{Q}}$
7. $\{0<x<1\}_{\mathbb{Q}}$
8. $\mathbb{Q}\setminus\{-5\leq x<\frac{1}{2}\}_{\mathbb{Q}}$
9. $\emptyset$
10. $\mathbb{Q}\setminus\{\frac{3}{2}\leq x\leq 5\}_{\mathbb{Q}}$

4.6 1. $\mathbb{Q}\setminus\{-1\leq x\leq 1\}_{\mathbb{Q}}$
2. $\{-1\leq x\leq 3\}_{\mathbb{Q}}\setminus\{1\}$
3. $\emptyset$
4. $\{x>-\frac{1}{2}\}_{\mathbb{Q}}$
5. $\{-1, 3\}$
6. $\{-1\leq x\leq 3\}_{\mathbb{Q}}\setminus\{0\}$
7. $\{x<-\frac{3}{2}\}_{\mathbb{Q}}\cup\{-\frac{3}{4}<x<-\frac{1}{2}\}_{\mathbb{Q}}$
8. $\{x\leq -1\}_{\mathbb{Q}}\cup\{\frac{1}{3}\leq x\leq\frac{2}{3}\}_{\mathbb{Q}}\cup\{x\geq 2\}_{\mathbb{Q}}$

5 Lineare Gleichungssysteme

5.1 **b)** Die Probe ergibt immer $0=0$ (w); weitere Lösungspaare sind z. B. $(2/\frac{5}{2})$, $(4/\frac{7}{2})$, $(5/4)$, $(-2/\frac{1}{2})$, $(-4/-\frac{1}{2})$, $(-5/-1)$.

c) $(7/5)$, $(\frac{5}{2}/\frac{11}{4})$, $(-2/\frac{1}{2})$, $(-4/-\frac{1}{2})$, $(11/7)$, $(2/\frac{5}{2})$, $(-7/-2)$, $(-11/-4)$

d) siehe **c)**

e)

1.	$\{(x/2x+3)\}_{\mathbb{Q}}$,	$\left\{\left(\frac{y-3}{2}/y\right)\right\}_{\mathbb{Q}}$	$(0/3)$,	$(1/5)$,	$(-\frac{3}{2}/0)$,	$(-\frac{5}{2}/-2)$
2.	$\{(x/x)\}_{\mathbb{Q}}$,	$\{(y/y)\}_{\mathbb{Q}}$	$(0/0)$,	$(1/1)$,	$(0/0)$,	$(-2/-2)$
3.	$\{(x/-x)\}_{\mathbb{Q}}$,	$\{(-y/y)\}_{\mathbb{Q}}$	$(0/0)$,	$(1/-1)$,	$(0/0)$,	$(2/-2)$
4.	$\{(x/2-x)\}_{\mathbb{Q}}$,	$\{(2-y/y)\}_{\mathbb{Q}}$	$(0/2)$,	$(1/1)$,	$(2/0)$,	$(4/-2)$
5.	$\left\{\left(x/\frac{2x-4}{3}\right)\right\}_{\mathbb{Q}}$,	$\left\{\left(\frac{3y+4}{2}/y\right)\right\}_{\mathbb{Q}}$	$(0/-\frac{4}{3})$,	$(1/-\frac{2}{3})$,	$(2/0)$,	$(-1/-2)$

6. $\left\{\left(x/\frac{5x-7}{3}\right)\right\}_{\mathbb{Q}}$, $\left\{\left(\frac{3y+7}{5}/y\right)\right\}_{\mathbb{Q}}$ $(0/-\frac{7}{3})$, $(1/-\frac{2}{3})$, $(\frac{7}{5}/0)$, $(\frac{1}{5}/-2)$

7. $\{(x/3x+7)\}_{\mathbb{Q}}$, $\left\{\left(\frac{y-7}{3}/y\right)\right\}_{\mathbb{Q}}$ $(0/7)$, $(1/10)$, $(-\frac{7}{3}/0)$, $(-3/-2)$

8. $\left\{\left(x/\frac{x}{3}-1\right)\right\}_{\mathbb{Q}}$, $\{(3+3y/y)\}_{\mathbb{Q}}$ $(0/-1)$, $(1/-\frac{2}{3})$, $(3/0)$, $(-3/-2)$

9. $\{(x/2x-2)\}_{\mathbb{Q}}$, $\left\{\left(\frac{y}{2}+1/y\right)\right\}_{\mathbb{Q}}$ $(0/-2)$, $(1/0)$, $(1/0)$, $(0/-2)$

10. wie 9.

5.2 a) $\frac{6-3y}{4}=\frac{5-2y}{3} \Rightarrow y=-2$; einsetzen in $\mathbb{L}_y$ ergibt $x=3$: $\mathbb{L}=\{(3/-2)\}$

b) 1. $\{(3/7)\}$ 2. $\{(-5/-4)\}$
3. $\{(0/-\frac{3}{5})\}$ 4. $\{(x/3x+5)\}_{\mathbb{Q}}$
5. $\{(\frac{1}{2}/0)\}$ 6. $\emptyset$
7. $\{(0/0)\}$ 8. $\{(\frac{13}{16}/-\frac{135}{16})\}$
9. $\{(\frac{2}{3}/\frac{5}{3})\}$ 10. $\{(\frac{3}{2}/\frac{2}{3})\}$

c) siehe **b)**

d) siehe **b)**

f) 1. 1. Add. (y) 2. Eins. (1) in (2)
3. Add. (y) 4. Eins. (1) in (2)
5. Eins. (1) in (2) 6. Add./Eins.
7. ? 8. Add.
9. Gleichs. 10. Gleichs.

2. a) $\{(1/2)\}$ Add. b) $\{(2/1)\}$ Eins.
c) $\{(-\frac{1}{3}/1)\}$ Gleichs. d) $\emptyset$ Gleichs.
e) $\{(2y-1/y)\}$? f) $\{(6/3)\}$ Add.
g) (mult. mit xy!) / $\mathbb{D}$: $x \neq 0$, $y \neq 0$ / $\{(2/1)\}$ Add.
h) (mult. mit xy!) / Eins. liefert (1/0), aber $y=0 \notin \mathbb{D} \Rightarrow \mathbb{L}=\emptyset$

3. $\begin{cases} a+b=17 \\ a-b=7 \end{cases}$ (Add.) Zahlen: 12, 5

4. $\begin{cases} a-b=4 \\ \frac{a}{b}=4 \end{cases}$ (Eins. (2) in (1)) $a=\frac{16}{3}$, $b=\frac{4}{3}$

5. $\begin{cases} v_1+v_2=\frac{96\,km}{4\,h}=24\frac{km}{h} \\ v_1-v_2=\frac{96\,km}{\frac{20}{3}h}=14{,}4\frac{km}{h} \end{cases}$ (Add.)
$v_{Boot}=19{,}2\,\frac{km}{h}$, $v_{Fluß}=4{,}8\,\frac{km}{h}$
Korkstück: 20 h

5.3 1. $\{(2b/3b)\}$ 2. $\{(p+1/p-q)\}$

3. $\left\{\left(\frac{1}{a}/-\frac{2}{3}\right)\right\}$ für $a \neq 0$; $a=0$: $\emptyset$

4. $a=b$: $\{(x/2a-x)\}_{\mathbb{Q}}$; $a=-b$: $\{(x/x-2a)\}_{\mathbb{Q}}$; sonst: $\{(b/a)\}$

5.4 1. $\mathbb{L}_y=\{(5y+16/y/-3y-8)\}_{\mathbb{Q}}$ $\mathbb{L}_x=\left\{\left(x/\frac{x-16}{5}/\frac{8-3x}{5}\right)\right\}_{\mathbb{Q}}$

2. a) $\{(1/1)\}$ (überbestimmt) b) $\emptyset$ (überbestimmt)
c) $\{(3/1/4)\}$ d) $\{(5/-2/3)\}$
e) $\emptyset$ f) $\{(1-5y/y/2y+1)\}_{\mathbb{Q}}$

5.5 $\begin{cases} f+s+r=10 \\ 6f+3s+7r=50 \end{cases}$ (Add. nach s) $r=\frac{20-3f}{4}$

$\Rightarrow f=4$ ($f \neq 0$: „von jedem etwas"!)
Also: 4 franz. Käse, 4 schweizer Käse, 2 Rotwein.

6 Quadratische Gleichungen

6.1 a) $(x+2)^2=x^2+4x+4$ $(x-2)^2=x^2-4x+4$

$(2x)^2=4x^2$ $\left(\frac{x}{2}\right)^2=\frac{x^2}{4}$

b) 1. a) 9 / 9 / −9 / 9 / −9 / 9

b) $0{,}25a^2+ab+b^2$ / $0{,}25a^2-ab+b^2$ / $0{,}25a^2b^2$ / $\frac{0{,}25a^2}{b^2}$

c) $\frac{9a^2b^2}{4x^2}$ / $-\frac{4(a+b)^2}{9a^2}$ / $-\frac{a^2-2ab+b^2}{a^2+2ab+b^2}$ / $\frac{a^4-2a^2b^2+b^4}{9a^2b^2}$

d) $a^2+b^2+c^2+2ab+2ac+2bc$ / $a^2+b^2+c^2+2ab-2ac-2bc$
$a^2+b^2+c^2-2ab+2ac-2bc$ / $a^2+b^2+c^2-2ab-2ac+2bc$
Quadrat einer Summe = Summe der Einzelquadrate + 2mal die Summe aller Produkte sämtlicher möglicher Zweierkombinationen (mit Vorzeichen!); analog:
$(a+b+c+d)^2=a^2+b^2+c^2+d^2+2ab+2ac+2ad+2bc+2bd+2cd$

2. $2^2=4 \geqslant 0$ / $0^2=0 \geqslant 0$ / $(-2)^2=4 \geqslant 0$

c) 1. $\{\pm 2\}$ 2. $\{\pm 9\}$
3. $\{\pm \frac{2}{3}\}$ 4. $\{\pm \frac{1}{6}\}$
5. $\{0\}$ 6. — ?
7. $\emptyset$ 8. $\emptyset$

d) 1. siehe c) (6. nicht lösbar (keine Quadratzahl!))

2. a) $\{\pm 5\}$ b) $\{\pm 1\}$
c) $\{\pm \frac{3}{2}\}$ d) $\{\pm 25\}$
e) $\{\pm 6\}$ f) $\{\pm 3\}$
g) $\emptyset$ h) $\{\pm \frac{4}{3}\}$

6.3 2 / 0 / $\sqrt{-2}$ existiert nicht 2 / 0 / 2

1. a) $|a|$ / $|-a| = |a|$ / $-a^2 < 0$ (ex. nicht!) / $|a|$
   b) $|a-b|$ / nicht möglich / $|0{,}5\,s - 2\,t|$
2. Vorletzte Zeile:
$$\sqrt{(6-\tfrac{13}{2})^2} = \sqrt{(7-\tfrac{13}{2})^2}$$
$$|6-\tfrac{13}{2}| = |7-\tfrac{13}{2}|$$
$$|-\tfrac{1}{2}| = |\tfrac{1}{2}|$$
$$\tfrac{1}{2} = \tfrac{1}{2}$$

6.4 a) 5 / 7 4 / 2 12 / 12 $\frac{5}{3}$ / $\frac{5}{3}$

b) 1. a) $\sqrt{a^3 b^3}$ b) $\sqrt{4x^5}$
c) $\sqrt{(3a+4a^3)^2 a^3}$ d) $3a + \sqrt{16a^9}$

2. a) $\dfrac{9|x|}{a^2}$ $(a \neq 0)$ b) nicht möglich!
c) $\dfrac{2|a+b|}{|a-b|}$ $(a \neq b)$ d) nicht möglich!

3. a) $\dfrac{a^2}{|x|}\sqrt{2a}$ $(a \geqq 0, x \neq 0)$ b) $|a|\sqrt{a+b}$ $(a+b \geqq 0)$
c) $\dfrac{3(a+x)^2}{a}\sqrt{\dfrac{3}{a}}$ $(a > 0)$ d) $\dfrac{16b^8c^6}{|a^7|}\sqrt{2b}$ $(a \neq 0, b \geqq 0)$

4. a) $\frac{1}{2}\sqrt{2}$ b) $\dfrac{1}{5a}\sqrt{5a}$ $(a > 0)$
c) $\dfrac{a+\sqrt{ab}}{a-b}$ $(a, b \geqq 0, a \neq b)$ d) -4

6.5 b) $x^2 = \dfrac{c}{a}$ $x^2 = 3$

$\dfrac{c}{a} > 0$: $\mathbb{L} = \left\{-\sqrt{\dfrac{c}{a}}, \sqrt{\dfrac{c}{a}}\right\}$ $\mathbb{L} = \{-\sqrt{3}, \sqrt{3}\}$

$\dfrac{c}{a} = 0$: $\mathbb{L} = \{0\}$

$\dfrac{c}{a} < 0$: $\mathbb{L} = \emptyset$

6.6 1. a) $\{-7, 5\}$ b) $\{-5\}$

c) $\emptyset$ d) $\{\frac{1}{2}, \frac{1}{3}\}$

e) $\{2, \frac{5}{2}\}$ f) $\{1 \pm \sqrt{3}\}$

g) $\{-2 \pm \sqrt{5}\}$ h) $\{\sqrt{5} \pm 4\}$

i) $\{\pm(1+\sqrt{2})\}$ $[(3+\sqrt{2}) = (1+\sqrt{2})^2!!]$

k) $\{2+\sqrt{5}, 3-\sqrt{5}\}$ $[(21-4\sqrt{5}) = (1-2\sqrt{5})^2!!]$

2. a) $\{a, b\}$ b) $\{a-b, a+b\}$

c) $\{a-1, a+1\}$ d) $\left\{\frac{a+b}{2}, a+b\right\}$

e) $\{\sqrt{2} \pm a\}$ f) $\{0, \frac{3}{2}a\}$

3. a) $|k| > 6$ b) $|k| < \sqrt{2}$

c) $\emptyset$ (für alle $k \in \mathbb{R}$ 2 Lösungen: $D > 0$!)

d) $k = 0 \vee k = -1 \pm 2\sqrt{2}$

6.7 a) $$x_1 + x_2 = \frac{-b}{2a} + \frac{\sqrt{b^2-4ac}}{2a} - \frac{b}{2a} - \frac{\sqrt{b^2-4ac}}{2a} = \frac{-2b}{2a} = -\frac{b}{a}$$

$$x_1 x_2 = \left(\frac{-b}{2a} + \frac{\sqrt{b^2-4ac}}{2a}\right)\left(\frac{-b}{2a} - \frac{\sqrt{b^2-4ac}}{2a}\right)$$ (3. bin. Formel!)

$$= \frac{b^2}{4a^2} - \frac{b^2-4ac}{4a^2} = \frac{4ac}{4a^2} = \frac{c}{a}$$

1. a) $(x-3)(x-5)=0$ b) $(x-1)(x-3)=0$

c) $(x+1)(x-3)=0$ d) $(x+2)(x+3)=0$

e) $(x+7)(x-8)=0$ f) $(x+5)(x+2)=0$

2. a) $a(x^2-7x+12)=0$ b) $a(x^2-x-12)=0$

c) $a(x^2+x-12)=0$ d) $a(x^2+7x+12)=0$

e) $a(x^2-2x-1)=0$ f) $a(x^2+x+5\sqrt{7}-13)=0$

3. $a=9$, $x_2 = -\frac{2}{3}$ / $9(x+\frac{1}{3})(x+\frac{2}{3})=0$

4. $$\begin{cases} x_1 + \dfrac{1}{x_1} = \dfrac{13}{a} \\ x_1 \cdot \dfrac{1}{x_1} = \dfrac{6}{a} \end{cases}$$ (x_1 kürzen!) $\Rightarrow a = 6$

$\Rightarrow x_1 = \frac{2}{3}, \; x_2 = \frac{3}{2}$

7 Gleichungen, die sich auf quadratische Gleichungen zurückführen lassen

7.1
1. $\{-\frac{1}{2}, -\frac{2}{3}\}$ $(x+1:=t)$
2. $\{0, \frac{7}{2}\}$ $(x-\frac{1}{2}:=t)$
3. $\{-1, -1\pm\sqrt{6}\}$ $(x^2+2x:=t)$
4. $\{-1, 3\}$ $(x^2-2x:=t)$
5. $\{1, 9\}$ $(\sqrt{x}:=t)$
6. $\{9\}$ $(\sqrt{x}:=t)$

7.2
1. $\{5, 7\}$
2. $\{0, 4\}$
3. $\{-1, 1\}$
4. $\emptyset$
5. $\{-3\}$
6. $\{0\}$

7.3
1. $\{-4, -2, 2\}$
2. $\{1, 2, 3, 4\}$
3. $\{-3, -\frac{1}{2}, \frac{3}{4}\}$
4. $\{-1, 0, 3\}$
5. $\{-\frac{1}{2}, 0, 3\}$
6. $\{1, 2\}$
7. $\{1\}$
8. $\{2\}$

7.4
1. $\{\pm\frac{1}{2}\sqrt{3}, \pm 1\}$
2. $\{-1, +1\}$
3. $\emptyset$
4. $\{1, 2\}$
5. $\{-1, 2\}$
6. $\{-1, -2\}$
7. $\{-1; 1\}$
8. $\emptyset$
9. $\emptyset$
10. $\{-2, 1\}$

7.5 **a)**
1. (a) $\{4\}$ (b) $\{5\}$
   (c) $\{-3\}$ (d) $\{\pm 2\}$
   (e) $\{0, 1\}$ (f) $\{2\}$
   (g) $\emptyset$ (h) $\{\pm\sqrt{3}\}$
2. (a) $\{4\}$ (b) $\{5\}$
   (c) $\{-3\}$ (d) $\{\pm 2\}$
   (e) $\{0, 1\}$ (f) $\{-1, 2\}$
   (g) $\{0\}$ (h) $\{\pm\sqrt{3}\}$
3. Die Lösungsmengen stimmen manchmal, aber nicht immer überein; es gilt aber immer:
   Lösungsmenge der Wurzelgleichung $\subseteq$ Lösungsmenge der quadrierten Gleichung: $\mathbb{L} \subseteq \mathbb{L}'$

d) 1. $1/2$: $\{1, 2\}$ — 2. $-\frac{1}{2}/2$: $\{-\frac{1}{2}, 2\}$
3. $-2/3$: $\{-2\}$ — 4. $3/4$: $\emptyset$
5. $1/2$: $\{1, 2\}$ — 6. $\emptyset$
7. -1: $\{-1\}$ — 8. -1: $\emptyset$

e) 1. $0/1$: $\{0, 1\}$ — 2. $-1/2$: $\{2\}$
3. $-2/3$: $\{3\}$ — 4. $3/4$: $\emptyset$
5. $-2/3$: $\{3\}$ — 6. $-1/2$: $\emptyset$
7. $\{1 \pm \sqrt{3}\}$

f) 1. $1/2$: $\{1, 2\}$ — 2. $0/-5$: $\{-5\}$
3. $-1/\frac{11}{5}$: $\{-1\}$ — 4. $\pm 2/\pm\frac{1}{2}\sqrt{5}$: $\{\pm 2\}$
5. $x^3 = -1 \lor x^3 = -6$; Probe: $x = -1$ (w), $x^3 = -6$ (f): $\{-1\}$
6. $\frac{3}{4}/5$: $\{5\}$ — 7. $\frac{16}{21}/4$: $\{4\}$

7.6 1.

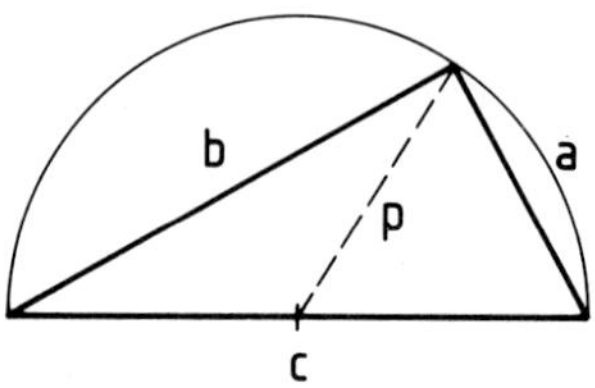

$$\begin{cases} a^2 + b^2 = 20^2 \\ \dfrac{ab}{2} = 96 \end{cases}$$ (Lösung wie Musterbeispiel)

$p = \dfrac{c}{2}$ (Thaleskreis!)

Katheten: 12 m und 16 m

2.

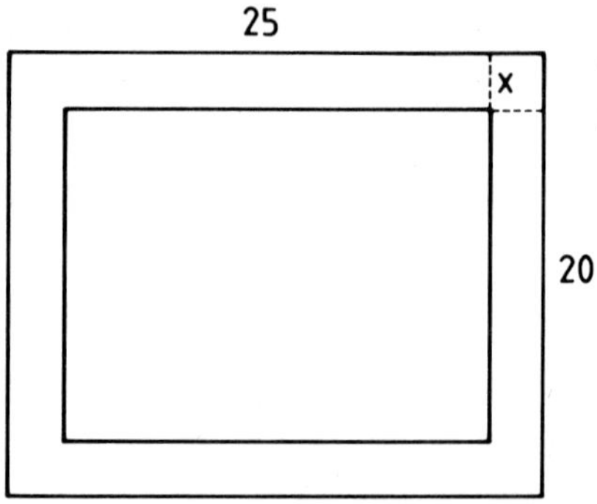

$(25 - 2x)(20 - 2x) = \frac{3}{5} \cdot 20 \cdot 25$

$x_1 = 2{,}5$ $\quad$ [$x_2 = 20$ (unbrauchbar!)]

Seiten des Rechtecks: 15 m und 20 m

3. $a - \frac{1}{a} = \frac{a}{2}$ $\qquad a = \pm\sqrt{2}$

4. $\frac{1}{600} = \frac{1}{R_1} + \frac{1}{R_1 + 500}$

$R_1 = 1000 \quad [R_1 = -300]$ Widerstände: $1000\,\Omega$ und $1500\,\Omega$

5.

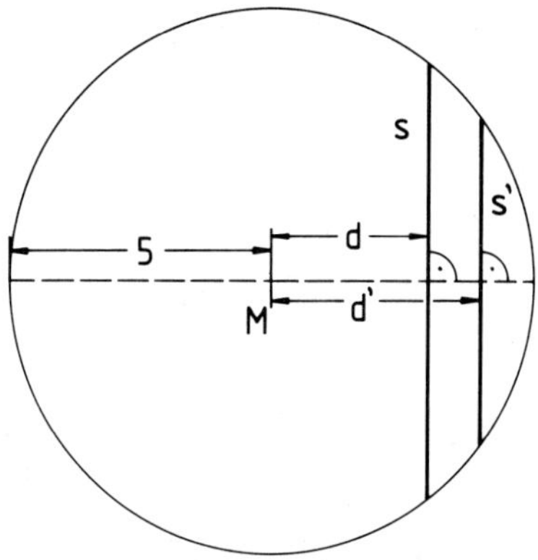

$$\begin{cases} \left(\frac{s}{2}\right)^2 = (5+d)(5-d) \\ \left(\frac{s'}{2}\right)^2 = (5+d')(5-d') \\ s' = s-2 \\ d' = d+1 \end{cases}$$ (Sehnensatz)

Einsetzen (3), (4) in (2):

$$\begin{cases} s^2 = 100 - 4d^2 \\ s^2 - 4s + 4 = 96 - 8d - 4d^2 \end{cases}$$

(1) nach d aufgelöst:

$$d = \frac{\sqrt{100-s^2}}{2} \quad \text{in (2)}$$

$$s^2 - 4s + 4 = 96 - 4\sqrt{100-s^2} - (100 - s^2)$$

$$\sqrt{100-s^2} = s - 2 \quad |^2$$

$$s_1 = 8 \quad [s_2 = -6] \quad \text{(Probe!)}$$

Damit: $d = 3,\ s' = 6,\ d' = 4$

8 Quadratische Ungleichungen

8.1
1. $\mathbb{R}\setminus[1, 3]$
2. $\mathbb{R}\setminus]1, 3[$
3. $]1, 3[$
4. $[1, 3]$
5. $\emptyset$
6. $\mathbb{R}\setminus\{\frac{1}{2}\}$
7. $\mathbb{R}$
8. $\{\frac{1}{2}\}$
9. $\mathbb{R}$
10. $\mathbb{R}$
11. $\emptyset$
12. $\emptyset$
13. $]0, 12[$
14. $\mathbb{R}\setminus]-\sqrt{12}, \sqrt{12}[$
15. $\emptyset$
16. $\emptyset$
17. $[-2, 2]$
18. $\mathbb{R}\setminus\{\frac{3}{2}\}$
19. $\emptyset$
20. $[1-\sqrt{2}, 1+\sqrt{2}]$
21. $\mathbb{R}\setminus[3-2\sqrt{2}, 3+2\sqrt{2}]$
22. $[1, 5]$
23. $\mathbb{R}\setminus[a, 2a]$
24. $a \neq -1$: $[-a, 1]$; $a=-1$: $\{1\}$
25. $b \neq 0$: $]a-b, a+b[$; $b=0$: $\emptyset$
26. $a \neq 0 \wedge a \neq 1$: $\mathbb{R}\setminus]a, a^2[$; $a=0 \vee a=1$: $\mathbb{R}$
27. $\mathbb{R}\setminus\left\{\frac{a}{2}\right\}$
28. $\emptyset$
29. $\left\{\frac{2b}{3}\right\}$
30. $\mathbb{R}$

8.2
1. a) $D>0$ für $k \in \mathbb{R}\setminus[-\frac{1}{2}, \frac{3}{2}]$
   b) $D<0$ für kein $k \in \mathbb{R}$
   c) $D<0$ für $k \in]0, 2[$
   d) $D>0$ für $k \in \mathbb{R}\setminus\{0\}$
2. a) $]-\infty, -1] \cup]0, 1]$
   b) $]-1, 0[\cup]1, \infty[$
   c) $\mathbb{R}^+$
   d) $]-1, 1[$
   e) $]-2, \infty[\setminus\{0\}$
   f) $]-2, -1[\cup]1, 2[$
   g) $\mathbb{R}\setminus[-2, -1]\setminus[2, 4]$
   h) $]-1-\sqrt{2}, -1[\cup]-1+\sqrt{2}, 1[$

8.3
1. $]-2, 2[\setminus\{0\}$
2. $\left[\frac{3-\sqrt{5}}{2}, \frac{3+\sqrt{5}}{2}\right]$
3. $\mathbb{R}\setminus[-\sqrt{7}, -1]\setminus[1, \sqrt{7}]$
4. $\emptyset$
5. $[2, 6] \cup \{0\}$
6. $]1-\sqrt{6}, -1[\cup]3, 1+\sqrt{6}[$
7. $\mathbb{R}\setminus[-\frac{1}{2}, \frac{1}{2}]\setminus[2, 4]$
8. $[1, 2] \cup [4, 5]$
9. $\mathbb{R}\setminus\left[\frac{5-\sqrt{13}}{2}, 2\right]\setminus\left[\frac{5+\sqrt{13}}{2}, 5\right]$
10. $\{2, 6\}$
11. $\mathbb{R}\setminus]-4, -1[\setminus]1, 4[$
12. $]0, 1[$
13. $\mathbb{R}\setminus[-4, -1]\setminus[1, 4]$
14. $]-2, -1[\cup]0, 2[$